AF313608

HOMELIE XXXIV.

POUR
LE DIX-HUITIÉME DIMANCHE
D'APRÉS LA PENTECÔTE,
SUR
LA MAGDELEINE.

Par M. le Curé de Saint Sulpice.

A PARIS,

Chez RAYMOND MAZIERES, Libraire, ruë saint
Jacques, prés la ruë de la Parcheminerie,
à la Providence.

M. DCCX.

AVEC PRIVILEGE DU ROY.

TEXTE

D U

SAINT EVANGILE

SELON SAINT LUC.

EN ce temps-là, un Pharisien pria JESUS de venir manger chez luy : Le Sauveur entra donc dans la maison de ce Pharisien, & se mit à table ; & voicy qu'une femme pecheresse, laquelle estoit dans la Ville, ayant connu qu'il estoit à table chez ce Pharisien vint aussi-tost portant un vase d'albastre odoriferant , & se

A

tenant derriere luy abbaissée à ses pieds, elle
commença de les arroser de ses larmes, de
les essuyer des cheveux de sa teste, de les
baiser, & de les oindre de son parfum. Or
le Pharisien qui l'avoit invité, voyant cela,
disoit en luy-même : Si celuy-cy estoit
un Prophete, il sçauroit qui est cette femme qui le touche, & quelle elle est, car
c'est une pecheresse : mais Jesus prenant la
parole, luy dit : Simon, j'ay quelque chose à vous proposer. Simon répondit : Mais-
tre, dites. Un creancier avoit deux de-
biteurs, luy dit Jesus, l'un luy devoit
cinq cens deniers, & l'autre cinquante ;
n'ayant ny l'un ny l'autre de quoy le payer,
il leur remit à tous deux la dette ; lequel
des deux doit aimer davantage ce creancier ?
Simon luy répondit : J'estime que c'est celuy à qui on a plus remis. Vous avez bien

jugé , répondit Jesus-Chrift , & fe tour-
nant vers cette femme , il dit à Simon :
Vous voyez cette femme , j'ay entré dans
votre maifon , fans que vous ayez lavé mes
pieds avec de l'eau , & cette femme les a
baigné de fes larmes , & les a effuyé de fes
cheveux : vous ne m'avez point donné le
baifer , & cette femme, du moment qu'elle eft entrée, n'a ceffé de baifer mes pieds :
vous n'avez répandu aucun parfum fur ma
tefte , & cette femme a oint mes pieds de
parfum : c'eft pourquoy , je vous dis que
beaucoup de pechez luy font pardonnez, parce qu'elle a aimé beaucoup , & celuy à qui
on remet moins , aime moins ; & il dit à
cette femme : Vos pechez vous font remis.
Alors ceux qui eftoient à table avec luy ,
commencerent de dire en eux-mêmes :
Qui eft celuy-cy , qui même remet auffi les

pechez ; Et Jesus dit à cette femme : votre foy vous a sauvé, allez en paix. *Luc* 7. 37.

Ce même Evangile se lit aussi dans l'Eglise le Jeudy de la Semaine de la Passion , & le Vendredy des Quatre-Temps de Septembre , que l'on explique ici le Dimanche precedent , parce qu'on a plus d'une fois expliqué l'Evangile de ce jour.

On a suivi dans cette Homelie le sentiment de saint Gregoire & de plusieurs autres Peres & Interpretes , qui croyent que la Pecheresse de notre Evangile est la même que la Magdeleine Sœur de Lazare & de Marthe. On rapporte que dans le siecle passé, la Faculté de Paris s'est déclarée par un Decret pour cette opinion.

HOMELIE

SUR

LA MAGDELEINE.

E Pharisien de nôtre Evangile étoit un
de ces esprits curieux & défians, qui
desirent tellement de voir les hommes
extraordinaires en vertu, & se faire un
honneur de les recevoir chez eux, qu'ils
les soupçonnent neanmoins presque toûjours d'imposer au monde par une pieté plus apparente que
solide : d'ailleurs, comme il étoit d'une secte reformée, qui faisoit profession d'une plus grande regularité que le commun des Juifs ; luy & ses semblables
ne voyoient pas sans envie que d'autres les precedassent dans l'estime du monde ; nouveau motif pour
redoubler leur attention sur la sainteté pretenduë de

celuy qu'on leur préferoit, & pour l'obferver fans dire
mot, *dicebant intra fe;* Et parce que c'étoit un ancien
proverbe chez les Hebreux, qu'on connoît particulierement un homme dans les voyages, dans les maladies & dans les feftins, il y a toute apparence que
le Pharifien convia Jefus-Chrift à ce feftin d'appa-
reil pour l'examiner avec fes confreres de plus prés;
ce qui parut premierement, lorfqu'il jugea que le
Sauveur n'étoit pas un grand Prophete, puifqu'il ne
connoiffoit pas quelle étoit la femme qui le touchoit:
Videns autem Pharifæus qui vocaverat eum, ait intra
fe: Hic fi effet Propheta, fciret utique quæ & qualis eft
mulier quæ tangit eum. En fecond lieu, lorfque les
conviez le condamnerent de ce qu'il préfumoit de
pouvoir remettre les pechez: *Et cœperunt qui fimul ac-*
cumbebant dicere intra fe: Quis eft hic, qui etiam pec-
cata dimittit? Enfin, par ce que nous lifons partout
dans nôtre Evangile, qu'ils avoient perpetuellement
l'œil ouvert fur luy, pour trouver quelque chofe à
redire en fes actions: *Et factum eft cùm intraret Jefus*
in domum cujufdam Principis Pharifæorum Sabbato man-
ducare panem, & ipfi obfervabant eum.

Luc. 14. 1.

Tel fut cet ancien Prophete de Bethel dont il eft
parlé au troifiéme Livre des Rois, qui voulant fçavoir au vray fi l'homme de Dieu, qui venoit de re-
prendre Jeroboam, & qui même avoit autorifé fa
miffion par une merveille vifible, étoit un auffi grand
Prophete qu'il le paroiffoit, l'engagea de manger chez
luy, *fefellit eum;* & par cet artifice le fit donner dans
le piege, & connut ce qu'il vouloit fçavoir.

3. Reg. 13.
18.

					Trois

Trois perſonnes furent en cela bien differentes, ſelon ſaint Auguſtin, Zachée ; le Centurion ; & le Phariſien. Zachée reçut Jeſus-Chriſt dans ſon cœur & dans ſa maiſon : *Zachæus Dominum & in domo ſuſcepi & animo.* Le Centurion reçut Jeſus-Chriſt dans ſon cœur, & ne le reçut pas dans ſa maiſon, *In domo Centurionis non intravit, & pectus poſſedit.* Notre Phariſien reçut Jeſus-Chriſt dans ſa maiſon, & ne le reçut pas dans ſon cœur, du moins pour lors : *decumbebat ergo Dominus in domo Phariſei ſuperbi, in domo erat, & in pectore non erat.* Cependant quelle plus ſenſible conſolation pour nous ! quelle plus douce eſperance ! voir Jeſus-Chriſt par tout, non avec les Prophetes & les Saints, mais avec les Publicains & les Pecheurs ; s'entretenir avec eux, s'aſſeoir à leur table ; les recevoir avec bonté ; ne leur témoigner aucune indignation, ne leur dire rien de rebutant, ne leur faire aucun reproche, & neanmoins leur être infiniment utile : ſa ſeule preſence les inſtruiſoit, parce qu'il étoit la lumiere du monde; elle les reprenoit, parce qu'il étoit le ſel de la terre ; elle les édifioit, parce qu'il joignoit les exemples aux paroles ; elle les enlevoit, parce qu'il autoriſoit ſa doctrine par des miracles ; elle les charmoit, parce qu'il étoit miſericordieux ; elle les élevoit ſans ceſſe des choſes temporelles aux ſpirituelles, du pain qui ne confere qu'une vie mortelle à ce pain celeſte qui procure une vie éternelle ; *operamini non cibum qui perit, ſed qui permanet in vitam æternam ;* de l'eau morte qui ne rafraîchit que pour quelques momens le corps du

Joan. 6. 24.

V u u

voyageur alteré sur la terre, à cette eau vive qui étanche
pour toûjours la soif de l'ame dans la patrie celeste ;
qui biberit ex aquâ quam ego dabo ei, non sitiet in æternum ;
de la pêche où l'on ne prend que des poissons corruptibles, à la pêche des ames immortelles : *venite post
me, faciam vos fieri piscatores hominum.* Au sujet des biens
de ce monde, il les exhorte à thesaurifer dans le Ciel
des richesses que le voleur n'enleve point, que la teigne ne ronge point, que la roüille ne corrompt point :
*nolite thesaurisare vobis thesauros in terra, ubi ærugo &
tinea demolitur, & ubi fures effodiunt & furantur.*
Renfermant par une sagesse profonde dans ces trois
especes, tout ce que l'avare cupidité peut ramasser en
ce monde ; l'argent ; les meubles précieux ; les fruits de
la terre ; car l'argent est sujet à être enlevé par les vo-
leurs, ainsi que celuy de Salomon le fut par Sesac,
qui tulit thesauros regios. Les riches meubles à être gâtez par la teigne ; *quasi vestimentum quod comeditur à
tineâ,* comme le furent sans doute les magnifiques
ameublemens qu'Ezechias enflé d'amour propre fit
voir aux Ambassadeurs du Roy de Babylone, *osten-
dit eis omnes apothecas supellectilis suæ.* Les bleds à être
gâtez par la roüille, comme le furent ceux de Pha-
raon, *& dedit ærugini fructus eorum.*

PREMIERE CONSIDERATION.

La femme d'aujourd'huy, parfaitement instruite de
cette infinie bonté de Jesus-Christ envers les pecheurs,
& pleine de confiance en sa misericorde, entre dans

Joan. 4. 14.

Marc 1. 17.

Mat. 6. 20.

3. Reg. 14.
25.
Job 13. 18.

Is. 29. 2.

Ps. 73. 46.

la falle du banquet. Sur quoi il eft bon de faire les réfléxions fuivantes. 1°. Saint Luc dit en general, que c'étoit une pechereffe, *& ecce peccatrix*, & il n'exprime point fon nom propre de *Magdeleine*, fans doute par efprit de charité, pour ne la pas déshonorer, une proftituée étant plus méprifable que la boüe, & le fumier des ruës que le paffant foule aux pieds, dit le Sage, *mulier fornicaria quafi ftercus in viâ conculcabitur.* C'eft par cette raifon, felon les Peres, que le nom du mauvais riche eft fupprimé dans l'Evangile, afin de ne pas rendre fa mémoire odieufe à tous les fiécles. C'eft encore par ce même motif que l'Apôtre parlant du peché de nos premiers parens, dit qu'Adam ne fut pas féduit, & que ce fut la femme : *Adam non eft feductus, fed mulier :* ne la nommant pas dans cet endroit du nom honorable d'Eve, comme obferve faint Chryfoftome, mais du nom méprifable de femme : *non enim dixit Apoftolus : Eva autem feducta, fed mulier :* avant le peché c'étoit *Eve :* apres le peché c'eft une *femme.* Saint Jean dans fon Apocalypfe voulant décrire la proftitution, la dépeint fous la forme d'une femme, fymbole de ce vice, qui par fa molleffe change les hommes même en quelque chofe bien audeffous de la femme, puifqu'il les met au rang des effeminez.

Il eft vray que quelquefois les femmes, quand elles s'abandonnent au vice, deviennent plus dépravées que les hommes : mais auffi quand au contraire elles fe portent à la vertu, fouvent elles furpaffent les hommes jufqu'à les faire rougir de honte de ne pas

imiter des femmes. Saint Augustin voulant se convertir, & sentant en luy de grandes difficultez à
garder la continence, se representoit je ne sçay combien de jeunes filles qui tous les jours voüoient à Dieu
leur chasteté, & qui la gardoient inviolablement :
des Vierges décrepites, des Veuves venerables & continentes : *ibi tot puellæ & graves viduæ, & virgines*
anus, & qui toutes ensemble paroissoient comme insulter à son peu de courage, & se mocquer de sa foiblesse, & luy dire ces paroles : quoy ! vous ne pourrez pas ce que nous pouvons ? *& irridebant me irri*
sione exhortatoriâ, quasi dicerent : tu non poteris quod
istæ ? une simple femmelette remportera la palme de
la pureté, *fœmina pugnat, & vincit :* elle surmontera sa chair, & vous qui êtes un homme sçavant &
âgé, vous succomberez à cette molle & indigne tentation ? *tu hosti succumbis ?* Et c'est pour lors qu'en
un sens les hommes deviennent des femmes, &
que les femmes deviennent des hommes, & plus
que des hommes dans la pratique de tout ce qu'il y
a même de plus grand & de plus heroïque, 1°. Dans
le sacrifice de leurs enfans pour Dieu : le Texte sacré
nous dit que la mere des Machabées étoit animée d'un
courage digne de l'admiration des hommes les plus
forts, lorsqu'elle exhortoit ses enfans à souffrir la
mort pour la Loy de Dieu, ainsi qu'ils firent : *supra*
modum autem mater mirabilis & bonorum memoria digna,
fœmineæ cogitationi masculinum animum inferens.

2°. Dans les exercices d'une pieté solide : Sainte
Monique sous un habit de femme, au rapport de son

bien - heureux fils , portoit une Foy mâle : *matre adhærente nobis , muliebri habitu , virili fide , anili fecuritate , Chriſtianâ pietate.* Elle étoit venuë d'Afrique à Milan , nous fuivant par mer & par terre , intrepide au milieu des dangers , tant fa pieté étoit forte , & fa confiance en vous inébranlable , ô mon Dieu : *jam venerat ad me mater pietate fortis , terrâ marique me fequens , & in periculis omnibus de te fecura.*

c. 6. 1.

3. Dans les plus rudes combats pour la Religion : Sainte Perpetuë prête d'aller au Martyre , eut une viſion dans laquelle il luy fembla qu'elle étoit transforméé en un homme, *expoliata fum, & facta fum mafculus.*

Act. 10.

4. Dans les plus affreux tourmens du Martyre : Sainte Blandine , jeune & délicate , fouffrit les foüets , les chevalets & les plus horribles tourmens, non ſeulement avec patience , mais avec autant de joye qu'un autre en eût eu d'aller au banquet nuptial ; car déchirée par de cruelles flagellations , & par les dents des bêtes feroces ; brûlée fur un gril , ou fur une chaife de fer , qu'on faifoit échaufer peu à peu ; enveloppée dans un rets comme une boule , pour fervir de joüet à un taureau furieux ; en un mot exercée par des fupplices terribles & longs , jufqu'à laffer les bourreaux mêmes, qui con*fefferent que cette fille les avoit vaincus , & qu'il ne leur reftoit ny force pour la tourmenter , ny nouveau genre de torture pour l'éprouver , elle triompha de tout : *Beata Blandina præ lætitiâ de ipfo vitæ fuæ exitu permagno gaudio exultans , properabat , non quaſi ad beſtias crudeliter projecta , fed ad cænam fponſi amicè invitata , atque poſt verbera , poſt beſtiarum la-*

Eufeb.

niatus , poſt ſartaginis exuſtionem , &c. Unde gentes iſtæ palam teſtabantur mulierem numquam tot tamque acerba tormenta adeò conſtanter pertuliſſe.

5°. Dans le mépris de la mort la plus cruelle : Sainte Julitte, au rapport de Saint Baſile , ſur le point d'être jettée au feu , ſe tourna vers les femmes qui l'accompagnoient : Mes Dames , leur dit-elle , gardez-vous de laiſſer amollir votre cœur , quand il ſera queſtion de ſoûtenir l'interêt de Jeſus-Chriſt , n'alleguez point alors, je vous prie, l'infirmité de votre ſexe : nous ſommes pêtries de la même chair que les hommes, faites auſſi-bien qu'eux à l'image de Dieu ; le Créateur qui nous a formées , ne nous a pas rendu moins capables de vertu qu'eux ; la femme eſt ſortie de l'os du premier homme : pourquoy ne ferions-nous pas voir en nous une fermeté & une patience mâle & virile ? *mulieres adſtantes obſecrabat ne ad tolerandos pro tuendâ religione Chriſtianâ labores, animos ſinerent remoleſcere , nec cauſificarentur , aut prætexerent infirmam fœmineæ naturæ conditionem , eâdem quippe maſſâ , quâ & viri & ipſæ conſtamus : non enim ad conſtituendam mulierem ſola aſſumpta eſt caro , ſed & os ex oſſibus.* Cela dit , elle entre dans les flammes, & conſomme ſon Martyre : Et c'eſt dans cet eſprit que ſaint Auguſtin parlant de Teraſie , épouſe de ſaint Paulin, écrivoit que cette pieuſe Dame , loin d'être une Eve à ſon mary , & de vouloir l'amollir , le fortifioit au contraire dans la pratique des vertus les plus auſteres, & que la femme en ſa perſonne étoit retournée dans les os de l'homme : *ibi conjux non dux ad mollitiem viro*

Acta.

Epiſt. 27. ad Paulin.

fuo, fed ad fortitudinem, redux in offa viri.

6°. Dans le zele le plus animé pour Jefus Chrift : Publia, Dame de qualité, fous le Regne de Julien, s'étoit acquis par fa vertu une grande réputation, dit Theodoret : elle avoit été mariée quelque temps, & n'ayant eu qu'un fils, elle l'avoit offert à Dieu ; il fe nommoit Jean, il devint avec le temps le plus ancien des Prêtres de l'Eglife d'Antioche, & fut élû plufieurs fois Evêque de cette Eglife ; mais il refufa par modeftie cette dignité. Elle avoit chez elle une Communauté de filles, qui toutes avoient confacré à Dieu leur virginité, *quæ perpetuam virginitatem profeffæ erant* : & qui publioient continuellement les loüanges de leur Créateur & de leur Sauveur. Quand l'Empereur paffoit devant leur maifon, elles chantoient plus haut que de coûtume, pour luy témoigner le mépris qu'elles faifoient de fon impieté, & chantoient le plus fouvent les Pfeaumes où David fe mocque de la foibleffe & de la vanité des Idoles : & fur tout elles faifoient retentir ce verfet : Les Idoles des Nations ne font que de l'or & de l'argent, & l'ouvrage des mains des hommes ; & aprés avoir chanté les paroles qui font voir la ftupidité de ces fauffes Divinitez, elles ajoûtoient : que ceux qui font les Idoles, deviennent femblables à elles, & que tous ceux qui efperent en elles, leur reffemblent. Julien ayant oüi leurs Cantiques, & en ayant été vivement piqué, leur commanda de fe taire toutes les fois qu'il paffe-roit : *quæ cùm Julianus audiviffet, ingenti dolore percul-fus, filere eas deinceps juffit, dum ipfe præteriret.* Pu-

Theod. l. 3. 19.

blia, bien loin de déferer à ce commandement, ex-
horta ſes filles à chanter encore plus haut, & à chanter
principalement ce verſet : que Dieu ſe leve , & que
ſer ennemis ſoient diſſipez : *ſed Publia Imperatoris
juſſa parvi pendens, chorum virginum majore fiduciâ im-
plevit , & prætereunte illo , rurſus canere juſſit.* Julien
plus émû que jamais, envoya querir Publia ; & ſans
reſpecter ny ſon âge, ny ſa vertu , ny ſon ſexe, il
commanda à un de ſes Gardes de luy donner des
ſoufflets ſur les deux joües, qui la mirent toute en
ſang : elle tint cet outrage à honneur , & continua
toûjours à tourmenter l'Empereur par le chant des
Pſeaumes , comme l'Auteur même des Pſeaumes
tourmentoit le méchant Eſprit dont Saül étoit agité :
*quo facto graviter commotus , magiſtram chori ad ſe ad-
duci præcepit , viſaque anu venerabili , nec canos corporis
miſeratus , nec animi virtutem honore proſecutus eſt, ſed
uni è ſatellitibus ſuis imperavit , ut utramque ei malam
cederet , & manibus genas ejus cruentaret : illa verò
contumeliam hanc ſummi honoris loco ducens, in cubicu-
lum regreſſa eſt , & Tyrannum ſpiritalibus , ut ſolebat,
canticis perſtringere poſthac non deſtitit , eodem planè
modo quo canticorum illorum ſcriptor ac magiſter David ,
malum ſpiritum quo Saül agitabatur, reprimere conſueverat.*

Ruf. 6. 5.　7°. Dans la conſervation inviolable de leur cha-
ſteté : Sainte Potamiene fut une vierge ſi celebre par
les combats qu'elle rendit, & pour le maintien de ſa
Foy, & pour la conſervation de ſa pureté , que pluſieurs ſiécles aprés , les peuples de l'Egypte étoient
encore remplis de la bonne odeur qu'un ſi merveilleux

exemple

exemple avoit répandu chez eux , & qui s'étendoit jufqu'à Milan , comme on le voit dans les Ecrits de faint Ambroife, qui fouvent en a fait l'éloge : *quippe quæ pro caftitate corporis , & pro virginitate quâ præci-* *puè excelluit , confervandâ , innumera adverfus amatores* *certamina fubierit.* L'excellente beauté du corps de cette fainte fille répondoit à la rare pieté de fon ame ; *nam præter animi pulchritudinem , mirabilis quoque totius* *corporis venuftas in eâ efflorebat :* mais les charmes de cette beauté fi floriffante luy attirerent un nombre infini d'hommes fenfuels,dont les paffions effrenées l'expoferent à de continuels périls : ayant refifté aux ardentes pourfuites de fon maître, car elle n'étoit qu'une fimple efclave, ce malheureux tranfporté d'amour pour elle jufqu'à la fureur , ne la pouvant féduire , entreprit de la perdre : il la défera au Juge , & l'accufa d'être Chrétienne , réfolu de la faire périr dans les tourmens , parce qu'elle ne vouloit pas condefcendre à fes injuftes defirs , ou de l'obliger de renoncer à Jefus-Chrift. On ne peut dire fans horreur les barbaries, & les cruautez horribles qu'on exerca contre cette innocente victime de la chafteté , qui fe terminerent enfin à la faire condamner au feu avec fa mere Marcelle : *innumera etiam pro Chrifti fide tormenta per-* *tulit , tandemque poft acerbiffimos , vel dictu ipfo horri-* *biles , cruciatus , unà cum matre Marcellâ igne confumpta* *eft.* Le Juge inhumain , aprés luy avoir fait endurer diverfes tortures dans toutes les parties du corps , *cùm* *eam toto corpore fæviffimè excruciaffet ,* voyant fon inébranlable fermeté pour Jefus-Chrift , & fon inviola-

X x x

ble attachement pour la chasteté , la menaça , que si
elle ne renonçoit à la Foy , il alloit la livrer à la lubri-
cité des Gladiateurs : alors recueillie un moment en
elle-même , elle fit une réponse qui excita si vivement
la colere des Payens , que sur le champ on la condam-
na d'être plongée dans une chaudiere de poix boüillante : cette modeste & pudique vierge demanda par
grace , que du moins on ne la dépoüillât pas de ses
habits , mais qu'on la plongeât toute vêtuë comme
elle étoit , dans cette chaudiere , ce qu'on luy accor-
da : on la descendit donc peu à peu dans cette poix
toute boüillante , à commencer par les pieds : elle fut
trois heures dans ce supplice , disant au Juge qu'il vit
quelle étoit la patience que Jesus-Christ luy donnoit ,
& elle mourut , lorsqu'elle eût été plongée dans la
poix jusqu'au col. Quel est l'homme qui fût capable d'une si terrible épreuve , & qui pût remporter
une victoire plus éclatante ? Ce n'est donc pas le
sexe qui rend digne de loüange ou de blâme ;
c'est le vice ou la vertu qui fait cette difference. Mais
la pecheresse d'aujourd'huy étoit femme en toutes fa-
çons , *mulier in civitate peccatrix.*

    II°. Le même saint Luc ne s'explique pas plus di-
stinctement sur l'espece particuliere de son peché ,
tant le mot de luxure même est odieux , & l'Evangeliste pratique déja par avance ce que l'Apôtre devoit
un jour prescrire , *fornicatio & immunditia ne nomine-*
tur in vobis.

    En effet , dit saint Jerôme , la langue , sur tout
d'une vierge Chrétienne , ne doit pas proferer ce mot

Eph. 3. 5.

odieux , ny fon efprit encore moins fe former l'idée
de ce qu'il fignifie : il faut qu'une ame qui doit être
le temple du Seigneur , ne foit jamais foüillée des paroles à double fens , & que les vers & les chanfons
équivoques foient pour elle , non tant des paroles
qu'elle recite , que des énigmes qu'elle ignore, & où
elle ne comprenne rien : *fic erudienda eft anima , quæ* *Ad Lst.*
futura eft templum Dei , nihil aliud difcat audire , nihil
loqui , nifi quod ad timorem Dei pertinet , turpia verba
non intelligat , cantica mundi ignoret. C'eft dans cet efprit d'horreur pour ce peché , que fainte Marie Egyp-
tienne interrompant la trifte déclaration de fa vie ,
difoit à Zofime : Tres-faint Abbé , permettez-moy
de m'arrêter icy : fouffrez que je fupprime le refte ,
car ne fentez-vous pas que l'air qui nous environne ,
eft déja tout infecté du feul recit de mes crimes : *di-*
xi tibi, Domine fenex , ignofce mihi , nec compellas me
meam dicere confufionem , contremifco enim , novit Do-
minus; maculant enim & ipfum aërem ifti fermones mei.
Obfecrans , quæfo te, per Incarnationem Verbi Dei , ut ores
pro me luxuriofâ.

L'Ecriture , toûjours uniforme , ufe du même langa-
ge là-deffus : Les habitans de ces villes malheureufes,
qu'il ne faut pas non plus nommer , font appellez
dans la Genefe , des hommes horriblement méchans ,
& de tres-grands pecheurs devant le Seigneur : *homi-* *Gen. 13. 13.*
nes peffimi , & peccatores coram Domino nimis : fans
s'expliquer plus clairement.

Le même Livre faint ajoûte qu'Onam commit un
crime déteftable , *rem deteftabilem ,* & que Her fon *38. 10.*

frere fut méchant devant Dieu , tres-apparemment
pour quelque crime infame , *fuit nequam in conspectu*

Ibid. 5. *Domini ,* Joseph accusa ses freres d'un crime abomina-
35. 1. ble , *accusavit fratres suos crimine peßimo :* Le péché
des enfans d'Heli étoit horriblement grand devant le
1. Reg. 2. 15. Seigneur , *grande nimis coram Domino :* Ils étoient impudiques. La suppreßion du mot de luxure , qu'on
ne donne à entendre que par des circonlocutions ,
comme si ce mot seul bleßoit la pudeur , fait voir également , & l'horreur qu'on en doit avoir , & la haine
que Dieu luy porte.

IIIᵉ. Le genre de peine dont il est puni , & que
l'Ecriture n'exprime gueres non plus que sous des
termes figurez , ne le donne pas moins à connoître :
nous lisons en divers endroits , que Dieu tuë lui-mê-
me les impudiques , sans expliquer comment ; expres-
sion surprenante & obscure , dont l'Ecriture n'use
point à l'égard des autres pechez , quelque énormes
qu'ils soient : Le meurtre crie vengeance devant Dieu ,
Gen. 4. 10. *vox sanguinis fratris tui clamat ad me de terrâ :* L'orgueil
Mat. 6. 2. declare la guerre au Seigneur , *noli tubâ canere ante te :*
La tiédeur provoque Dieu au vomißement , *quia te-*
Ap. 3. 16. *pidus es , incipiam te evomere ex ore meo.* Mais la luxure
porte Dieu à se repentir d'avoir fait l'homme , ainsi
qu'il arriva lors du déluge , & de la destruction du
genre humain pour avoir corrompu sa voye , *pœnitet*
Gen. 6. 7. *me fecisse hominem.* Semblable à un pere irrité , qui
faisant venir devant lui son fils dépravé & incor-
rigible , luy dit : méchant enfant , je suis fâché
de t'avoir mis au monde , & qui plein d'une juste

indignation , ne pouvant plus le supporter , luy ôte la vie qu'il luy avoit donnée ; c'est de cette sorte que Dieu tua *Her* à cause de ce crime , *fuit Her nequam in conspectu Domini , & ab eo occisus est :* qu'il frappa de mort *Onam* à cause de ce même peché , *& idcircò percussit eum Dominus , quòd rem detestabilem faceret.* Qu'*Ophni* & *Phinées* ne se corrigeant point de leurs impudicitez , le Seigneur voulut les tuer ; *& non audierunt vocem patris sui , quia Dominus voluit occidere eos.* Peut-on voir des manieres de parler plus étonnantes , des especes de punitions plus effrayantes ? Cette terreur de perir par quelque mort funeste inquiete ordinairement l'impudique. Sainte Marie Égyptienne parlant à Zozime : Tres-saint Abbé , luy disoit-elle , quand je me ressouviens de mes lubricitez passées , je m'étonne de ce que la mer ne m'a pas englouti ; de ce que la terre ne s'est pas entr'ouverte pour m'abîmer toute vive dans les Enfers : *obstupesco quomodo meas mare sustinuit iniquitatum luxurias ! quomodo terra non aperuit os suum , & in infernum viventem me demersit !* Combien le saint Evangeliste voulant épargner l'honneur de Magdeleine , a t-il donc eu raison de taire son nom , & l'espece de son peché , *mulier in civitate peccatrix.* Exemple de prudence & de charité que les Evangelistes nous donnent , selon S. Jerôme , à l'égard de S. Matthieu , dont ils n'ont pas voulu marquer le nom & l'emploi qui pour lors étoit odieux chez les Juifs : *cæteri Evangelistæ, propter verecundiam & honorem Matthæi , noluerunt eum nomine appellare vulgato.*

Gen. 38. 6.

Ibid.

1. Reg. 2. 25.

c. 14.

L. 1. c.

X x x iij

IV°. Saint Luc dans ce même efprit a voulu taire icy que Magdeleine étoit d'une qualité diftinguée, & d'une famille noble & riche ; ce qu'on voit néanmoins affez en divers autres endroits de l'Evangile, apparemment pour ne pas montrer toute l'étenduë du décri où elle étoit, & des maux qu'elle caufoit ; infenfée, qui ne voyoit pas que la vertu feule rend illuftre, & le vice infame ! qu'elle perdoit fa noblef-fe, en s'affujettiffant à la honteufe fervitude du peché : *qui contemnunt me, erunt ignobiles :* qu'elle flêtriffoit fa dignité en fe proftituant au crime ; qu'elle s'appauvriffoit en fe dépoüillant de l'innocence ; enfin, qu'elle fe dégradoit, en ceffant par-là d'être fille d'Abraham & des autres anciens Patriarches, qui, felon faint Ambroife, tiroient leur gloire, non d'une extraction humaine & prophane, mais de leur amour pour la juftice, & de leur perfection dans les voyes de Dieu : *qui non generationis nobilitate, fed juftitiæ ac perfectionis merito laudatur... familiæ hominum fplendore generis nobilitantur, animarum autem fplendore virtutum.* Et d'ailleurs il eft certain que les perfonnes établies en dignité ayant plus reçû de talens & de moyens de faire de bonnes œuvres, & fe trouvans plus expofées aux yeux du public, font tenuës à plus de devoirs & à de plus grands exemples : & que comme en les accompliffant elles peuvent être plus utiles au prochain, & fe procurer de plus grandes récompenfes, auffi deviennent elles plus coupables que les autres, quand elles abufent de tant de bienfaits, dont le Créateur les a prévenuës & avantagées,

& que leur ingratitude étant plus odieufe, leur jugement fera plus fevere, & leur punition plus rigou-
reufe: *cùm enim augentur dona, rationes etiam crefcunt
donorum,* dit faint Gregoire: Ecoutons ce que la Sa-
geffe dit là deffus: Prêtez l'oreille à ma voix, leur
dit-elle, vous qui par vôtre rang êtes placez au-def-
fus des autres: *præbete aures, qui continetis multitudi-*   *Sap. c. 6.*
dines: Confiderez que vous tenez de la bonté de
Dieu cette autorité dont vous vous glorifiez tant,
& que fa juftice vous en fera rendre un compte
exact, *quoniam data eft à Domino poteftas vobis, qui
interrogabit opera veftra:* & fçachez que fi vous en
abufez, le fouverain Juge fe fera bien-tôt voir à vous,
& vous apparoîtra d'une maniere effroyable: *quoniam*   *Ibid.*
*non cuftodiftis legem juftitiæ, horrendè & citò apparebit
vobis:* Qu'étant le Seigneur & le Maître abfolu, il ne
fera diftinction de perfonne, *non enim fubtrahet per-
fonam cujufquam Deus,* & vous apprendra que le vice
ou la vertu font devant luy l'inégalité de conditions,
& donnent des objets differens à fa haine ou à fon
amour: c'étoit les grandes obligations dont Magdeleine s'étoit oubliée, & les peines dont elle fe trouvoit redevable à la Juftice divine, faifant fervir publiquement au vice ce qui devoit uniquement fervir à la vertu: *mulier in civitate peccatrix.*

V. Ces paroles nous decouvrent encore une circon-
ftance aggravante du peché de Magdeleine: c'eft le fcandale qu'elle caufoit dans fa maifon non feulement parmy fes domeftiques, & dans fon voifinage, mais dans
toute la Ville, & apparemment dans toute la Judée, *mu-*

lier quæ erat in civitate peccatrix. Son defordre devenu public offenfoit les gens de bien , autorifoit le
vice , & entraînoit les foibles : ce qui paroît même
par les paroles du Pharifien étonné de ce que ce nouveau Prophete fembloit être le feul qui ne le fçût
pas : *hic fi effet Propheta , fciret utique quæ & qualis
eft mulier quæ tangit eum , quia peccatrix eft.* Car ce que
la contagion eft entre les maladies corporelles , la luxure l'eft entre les maladies fpirituelles , & ce font
particulierement les femmes qui par leur molleffe ,
& leur mondanité , communiquent & répandent ce
venin mortel , & en infectent les hommes.

Eve n'eut pas plûtôt fuccombé à la fenfualité ,
qu'elle perfuada à fon mari par fon mauvais exemple , & fes difcours flatteurs , d'en faire autant , *verbo fuaforio* , dit faint Auguftin ; devenant
ainfi à fon époux une occafion de ruine , & à toute
leur pofterité , *comedit , deditque viro fuo , qui comedit.*

Gen. 3.

Les filles des hommes , c'eft-à-dire , les filles toutes mondaines & toutes charnelles du premier âge du
monde , par leur beauté féduifante pervertirent les
Enfans de Dieu , qui confervoient la Religion du
Créateur , & furent caufe que toute chair corrompit
fa voye , & que le déluge noya le genre humain :
videntes filii Dei filias hominum quòd effent pulchræ.

Gen. 4.

Dalila par fes criminelles & perfides careffes , corrompit le fort & le belliqueux Samfon , & fut caufe de fa mort , & de celle de plufieurs milliers d'innocens.

Bethfabée

Bethfabée par fon immodeftie, & fon peu de pudeur, n'ayant pas honte de fe baigner en plein mi-
dy à l'afpect d'un Palais, entraîna un Saint & un
Prophete dans le double abîme de l'adultere & de
l'homicide, *vidit mulierem fe lavantem ex adverfo.*

Des femmes lafcives & infidelles communique-
rent à Salomon, le plus fage des hommes, une telle
impieté, & le rendirent tellement infenfé, qu'el-
les l'engagerent dans l'idolâtrie, *càmque effet fenex,* 3. *Reg.* 11,
cor ejus depravatum eft per mulieres, ut fequeretur deos 4.
alienos.

Herodias, cette celebre adultere, ne perfuada-t-
elle pas à Herode de faire mourir le plus grand des
Prophetes, parce qu'il la reprenoit de fa luxure, &
du fcandale qu'elle donnoit, *da mihi in difco caput
Joannis Baptiftæ?*

Saint Jean dans fon Apocalypfe vit une femme,
laquelle par fes proftitutions publiques & fcandaleu-
fes, avoit corrompu toute la terre, *meretrix magna, quæ corrupit terram in proftitutione fuâ.* Tant il
eft vray que ce vice eft toûjours fcandaleux, foit parce
qu'il eft impoffible, de quelque artifice dont on ufe,
qu'il ne devienne public, felon cette parole du
Sage, *numquid poteft homo abfcondere ignem in finu
fi.o, ut veftimenta illius non ardeant;* & par confequent,
que ceux qui les voyent, ne fe portent à les imiter,
adulterium difcitur, dum videtur, dit faint Cy-
prien, foit parce que les impudiques induifent,
& entraifnent les autres dans le même précipi-
ce où ils font tombez les premiers : J'ay vû, dit

Yyy

le Sage, la femme lascive, ornée de ses atours, *ornatu meretricio*, & toute préparée à prendre des ames, ainsi que le chasseur rusé l'est à prendre des oiseaux dans ses lacets, *præparata ad capiendas animas, quæ laqueus venatorum est :* elle tend des filets plus dangereux à la liberté de l'homme, que ceux du pêcheur ne le sont à la vie des poissons, *quæ laqueus venatorum est, & sagena cor ejus.*

Eccl. 7. 28.

Telles furent les filles Madianites ; le faux Prophete Balaam ne pouvant maudire les Juifs sortans pour lors du desert, comme le desiroit le Roy Balac, parce qu'ils n'étoient coupables d'aucune prévarication, donna à ce Prince impie le conseil du monde le plus pernicieux, & le plus capable de perdre ce peuple, & d'attirer sur luy la colere du Seigneur : ce fut d'envoyer de jeunes & belles filles se presenter aux Israëlites, afin que par leurs attraits, & leur enjoüement, elles leur fussent une occasion de scandale & de ruine, comme il arriva : *tenentes doctrinam Balaam, qui docebat Balac mittere scandalum coram filiis Israël, edere & fornicari.* D'où s'ensuivit la mort de ving-quatre mille Israëlites, parmy lesquels furent les principaux d'entre le peuple, que l'on pendit à des potences à la face du Soleil, comme pour une plus visible punition & réparation du peché scandaleux qu'ils avoient commis aux yeux du public, *contra solem in patibulis :* & d'où s'ensuivit encore une horrible effusion du sang des Moabites, Dieu voulant, dit saint Augustin, donner une preuve aussi terrible qu'éclatante de sa haine contre

Apoc. 2. 14.

Num. 25. 4.

l'execrable peché d'impureté, *terribile conftituens ad-* *verfus execrandas libidines ultionis exemplum.*

Cont. adverf leg. c. 16.

VI°. A ces importantes reflexions, on peut ajoûter que les pechez de *Magdeleine* étoient en grand nombre : *remittuntur ei peccata multa,* elle fe trouvoit redevable à la Juftice divine de cinq cens deniers, *debebat denarios quingentos,* c'eft-à-dire, d'avoir tranfgreffé les dix Commandemens par les cinq fens de nature un nombre infini de fois ; & perdu ce denier myfterieux de la gloire des Saints, que le pere de famille donne, quand le foir de la journée eft venu, aux fidéles obfervateurs du Decalogue, *voca operarios, & redde illis mercedem, denarium :* & faint Gregoire reconnoît en elle l'univerfalité de tous les vices, *quæ univerfis vitiis plena fuit.* En effet, aucun ne fe multiplie tant que celui-cy ; à peine un homme, quelque méchant qu'il foit, eft-il blafphemateur une fois le jour, intemperant une fois la femaine, voleur en un mois, facrilege en un an, homicide en toute fa vie ; mais le luxurieux ne ceffe de pecher en penfées volontaires, en defirs, en paroles, en actions.

Luc 7. 41.

Hom. 33.

Les autres pechez n'ont qu'un feul objet, l'avare ne fouhaite que l'argent, le vindicatif que la ruine d'un ennemi : mais le luxurieux convoite toute forte d'objets, fans que la difproportion de l'âge, de la condition & de l'état le refrene.

Les autres pechez ne font contraires qu'à une feule vertu, l'orgueil à l'humilité, la haine à la charité ; mais la luxure infpire la fuperbe, l'impie-

té, l'envie, la colere, la jaloufie, & mille autres femblables vices, ennemis de toutes fortes
de vertus.

Les autres pechez ne font particulierement oppo-
fez qu'à un feul des Commandemens, le luxurieux
les viole tous, il tranfgreffe ceux de la premiere Table, puifque, pour parler avec l'Apôtre, il n'a point
d'autre Dieu que fon ventre ; qu'il bleffe continuellement la Religion, par fes impietez, fes facrileges,
fes juremens, fes prophanations ; & qu'il ne rend
de culte qu'à la créature, qu'il adore en la place
du Créateur ; ce qui fait dire à faint Jerôme, que
comme quand le Voile du Temple fe déchira, ce
fut un figne que toute la Religion des Juifs alloit
s'abolir, de même quand une fille Chrétienne a perdu le voile de la pudeur, on peut s'affûrer que
toute Religion eft perduë en elle.

Il tranfgreffe les Commandemens de la feconde
Table, violant les droits les plus facrez de la nature, de la juftice, & de la charité, déshonorant pere, mere, & famille par une vie licencieufe & dé-
bordée, & méprifant leurs avis, ainfi que faint Auguftin, qui plongé dans le bourbier du peché de
la chair, comme il s'exprime luy-même, *nihil me
revocabat à profundiore voluptatum carnalium gurgite*,
regardoit les fages remontrances de fainte Monique, fa pieufe mere, comme des rêveries de vieilles
femmes, qu'il eût eu honte de fuivre ; *qui mihi monitus
muliebres videbantur, quibus obtemperare erubefcerem :*
diffipant & fon patrimoine, ainfi que l'enfant prodi-

gue, & souvent celuy des autres, avec des femmes perduës, *dissipavit substantiam suam vivendo luxuriosè cum meretricibus :* donnant lieu tres-souvent à des meurtres, empoisonnemens, avortemens, & semblables actions tragiques, comme l'Ecriture & l'experience malheureuse & journaliere, ne le montrent que trop. *Luc* 15. 11.

Enfin, il souille toutes les facultez de son ame & de son corps, son imagination, son esprit, sa mémoire, son cœur, par des representations, par des retours, des réfléxions, des idées sales & déshonnestes ; sa bouche par des sensualitez & par des paroles libres ; ses oreilles par des entretiens & des airs lascifs ; ses yeux par un nombre infini de regards criminels, *habentes oculos plenos adulterii, & incessabilis delicti*, dit l'Apôtre : De-là ces gemissemens douloureux du pecheur revenu à luy-même, & étonné de la grandeur & de la multitude de ses crimes, tel que le fut Manassés atterré par la crainte de la justice divine, & par les clameurs de sa conscience effrayée: Seigneur, disoit-il, j'ay commis plus de pechez que je n'ay de cheveux à la tête, qu'il n'y a de grains de sable dans la mer : *peccavi super numerum arenæ maris, iniquitates meæ multiplicatæ sunt super capillos capitis mei.* *2. Pet.* 2. 14. *Pf.* 39. 13.

VII°. Cette multiplicité de pechez réiterez forment bien-tôt une forte habitude : dans les autres especes de pechez, autre chose est d'aller ; autre chose de s'arrêter ; autre chose de s'asseoir ; on va quand on commet le peché : on s'arrête quand on s'y affe-

ctionne ; on s'affeoit quand on s'y accoûtume : heureux l'homme , dit le Pfalmifte , qui n'eft point *allé*
dans le confeil des impies , qui ne s'eft point *arrêté*
dans le chemin des pecheurs , & qui ne s'eft point
affis dans la chaire de peftilence, *abiit actu , ftetit af-*
fectu , fedit habitu : mais icy dés le premier acte, l'habitude & fe forme &s'enracine tout à la fois : dans les
autres vices, on va,on s'arrête, on s'affeoit ; dans celui-
cy on s'endort : c'eft l'expreffion de l'Ecriture, au fu-
jet des enfans d'Heli : *dormiebant cum mulieribus quæ*
obfervabant ad oftium tabernaculi. Or , ainfi qu'en-
feigne faint Gregoire fur cet endroit , s'endormir
dans le peché, c'eft le commettre fans aucune crainte du jugement à venir : *cum mulieribus quippe dor-*
mire , eft fine metu futuræ vitæ peccare ; état malheureux où tombe bien-tôt l'impudique. Tel étoit encore faint Auguftin, lorfqu'il gemiffoit dans les liens
de cette habitude tyrannique : où étois-je, Seigneur,
où étois je, & combien me trouvois je éloigné des
chaftes délices de votre maifon , lorfque la luxure
prit le fceptre en main dans mon cœur , & que je
me foûmis entierement à fes dures loix : *ubi eram ?*
& quàm longè exulabam à deliciis domûs tuæ , cùm ac-
cepit in me luxuria fceptrum , & totas manus ei dedi
vefaniæ libidinis : lorfque les vapeurs épaiffes qui s'é-
levoient du limon de ma chair obfcurciffoient mon
efprit , *exhalabantur nebulæ de limofâ concupifcentiâ*
carnis , & obnubilabant , atque offufcabant cor meum.
J'étois enfevely dans un affoupiffement mortel , & les
penfées que j'avois de vous,ô mon Dieu,reffembloient

1. Reg. 2.

aux efforts d'un homme qui veut fe réveiller, mais qui accablé par le fommeil, fe laiffe auffi-tôt furmonter à fes charmes : *ita farcinâ fæculi, ut fomno affolet, dulciter premebar, & cogitationes quibus meditabar in te, fimiles erant conatibus expergifci volentium, qui tamen fuperati foporis altitudine, remerguntur.*

Déplorable & different fort des pecheurs ! les uns courent dans la voye de l'iniquité, & ne font pas encore affis ny endormis : *pedes illorum ad malum currunt, & feftinant.* Les autres s'y font tellement arrêtez, qu'ils femblent avoir contracté alliance avec la mort, & fait un pacte avec l'Enfer, felon l'expreffion du Prophete, *percuffimus fœdus cum morte, & cum inferno fecimus pactum.* Cela nous eft merveilleufement bien reprefenté en la perfonne de Samfon, lorfqu'il entra en la maifon d'une courtifane, & qu'il s'y endormit : *vidit mulierem meretricem, ingreffufque ad eam, dormivit.* Samfon endormi, dit S. Auguftin, figuroit J. C. affoupi fur la Croix : cette proftituée reprefentoit la nature humaine qu'il s'eft unie ; & la maifon de cette malheureufe étoit l'image de l'Enfer, où Jefus-Chrift defcendit : L'Ecriture, dit cet admirable Interprete, affocie icy tres-à-propos l'enfer & l'amour charnel : *infernum & amorem mulieris utrumque Scriptura conjungit.* Parce qu'en effet la maifon d'une proftituée eft un enfer où l'on peut entrer, mais d'où l'on ne revient point fans une force femblable à celle de Samfon ; *recipiebat enim, & non remittebat,* ajoûte ce Pere, comparant l'enfer à une maifon de proftitution, l'un

Pr. 1. 16.

If. 8. 15.

Jud. 16. 1.

Serm. 364. num. 4. p. 1444.

& l'autre ayant cela de commun, qu'on y entre, &
qu'on n'en sort point sans la vertu toute-puissante de
celuy qui revenu des enfers, porte en sa main les
clefs de la vie & de la mort. *Inferni imaginem tene-*
bat domus meretricis, & rectè pro inferis ponitur, quia
neminem repellit, & omnem intrantem ad se trahit.
Sçachez, mon fils, nous dit le Sage, que la maison d'une prostituée est toûjours sur le panchant de
sa ruine, que ceux qui la frequentent y trouveront
la mort : que les démarches de cette égarée les con-
duiront en enfer, d'où ils ne reviendront pas, &
qu'ils ne retrouveront plus le chemin qui ramene à la
vie, *inclinata est enim ad mortem domus ejus, & ad in-*
feros semitæ ipsius : omnes qui ingrediuntur ad eam non
revertentur, nec apprehendent semitas vitæ : & n'est-ce
pas encore ce que nous apprend le Prophete, lorsqu'il prédit en gémissant, que quand l'esprit impur
s'est une fois emparé du cœur de l'homme, il ne
songe plus à revenir à Dieu : *non dabunt cogitationes*
suas, ut revertantur ad Deum suum, quia spiritus for-
nicationum in medio eorum ; tel fut David, qui pro-
fondément enseveli dans son peché, ne songeoit
point, & n'eût jamais songé à s'en retirer, si Natan
ne fût venu le réveiller. Voilà où conduit la tyran-
nie de cette habitude qui tenoit notre pecheresse
enchaînée, *mulier in civitate peccatrix.*

VIII°. Les saints Docteurs & les Interpretes ont
encore accusé Magdeleine de luxe, ainsi que ses
vases précieux, & ses parfums exquis le montrent
assez ; le luxe étant d'ailleurs une suite inséparable

de

de la luxure. Saint Jean dans fon Apocalypfe voulant décrire une proftituée, la dépeint fous la forme d'une femme revêtuë de pourpre & d'écarlate, &
tout brillante d'or & de pierreries, *meretrix in Apo-*
calypfi, dit Tertullien, *fedet in purpurâ, & coccino,*
& auro, & lapide pretiofo. Combien font condam-
nables de telles parures, fans lefquelles une proftituée publique n'a pû être décrite, ajoûte-t-il !
quàm maledicta funt, fine quibus non potuit maledicta
& proftituta defcribi! Rien eft-il plus éloigné de cet
ancien habit dont Dieu couvrit nos premiers parens, lorfque confus de la nudité de leur corps,
& honteux de la revolte de leur chair, ils s'étoient
fait des habits de feüilles de figuier qui ne les voi-
loient qu'à demy, *confuerunt folia ficûs, & fecerunt*
fibi perizomata: mais Dieu leur en donna d'autres faits
de peaux d'animaux qui les couvroient tout-à-fait ;
fecit quoque Dominus Deus Adæ & uxori ejus tunicas
pelliceas, & induit eos : afin qu'ils s'en ferviffent en
efprit de penitence & d'humilité, & qu'ils euffent
fans ceffe devant les yeux un mémorial qui leur rap-
pellât l'idée & de la vie qu'ils avoient perduë, &
de la mort qu'ils avoient encouruë : *talibus oportebat*
indui pelliceis tunicis, quæ effent mortalitatis quam pri-
mo peccato acceperat, & fragilitatis ejus quæ ex carnis
corruptione veniebat indicium. Auffi étoit-ce le vête-
ment qui leur convenoit aprés leur degradation ; car,
ainfi qu'ajoûte faint Auguftin, quel fymbole plus
naturel du peché de l'homme, de fa fragilité, de
fa corruption, de fa mortalité, de fa penitence,

Gen. 3. 7.

Ibid. v. 21.

Ibid. v. 21.

Z z z

qu'un tel vêtement fait de la dépoüille des bêtes mortes ? *quo enim majore indicio potuit significari mors quam sentimus in corpore, quàm pellibus quæ mortuis pecoribus detrahi solent.* Mais le démon renouvellant toûjours ses anciennes tentations, a tâché de tout temps de s'opposer au dessein de Dieu dans l'institution des habits, d'ôter à l'homme un symbole si naturel de la mort, & il ne lui a jamais offert d'objet plus dangereux, que quand il luy a presenté, ou qu'il s'est luy-même déguisé sous la forme d'une femme lascive, doüée de tous les attraits, & ornée de tous les atours qui peuvent le plus séduire l'esprit, & corrompre le cœur : Que d'exemples n'en voit-on pas dans la vie des Peres ! il apparut une nuit à saint Appelle sous cette apparence séduisante ; mais ce fervent Solitaire, prenant de sa propre main un fer tout rouge de feu, le jetta avec force au visage de ce spectre, qui parut comme brûlé de ce coup, & qui s'enfuit, jettant de si terribles hurlemens, que tous les Freres les entendirent de leurs cellules : *is cùm venisset Diabolus in figurâ muliebri, ferreâ laminâ ex igne raptâ, idque manu, totum ejus vultum combussit, eumque audierunt Patres ululantem in cellâ.* Et depuis cette insigne victoire, ce saint Religieux eut le don de toucher le fer rouge, sans en être brûlé : *ab illo tempore vir ille semper manu tenebat ferrum ignitum, nec lædebatur.*

Un autre Solitaire étant venu par ordre de saint Athanase à Alexandrie, & une courtisane ayant passé devant luy, il se mit à pleurer amerement. Interrogé de la cause de ses larmes, deux raisons, répondit-il, m'obligent à les répandre : *duæ me res ad has lacrymas compulerunt ;* l'une est la perte de l'ame de cette infortunée femme, *una quidem perditio illius mulieris :* l'autre est la confusion extrême où je suis de voir qu'elle prend plus de soin d'embellir son corps pour plaire aux hommes lascifs, que je n'en prends d'embellir mon ame, afin de la rendre agréable à Dieu : *secunda verò, quia ego tantam curam non habeo placendi Deo, quantam habet hæc mulier, ut hominibus turpibus placeat.*

L'Ecriture, aprés avoir décrit les impietez d'Achab, dit que pour comble de ses crimes, il épousa Jezabel ; *nec suffecit ut ambularet in peccatis Jeroboam, insuper duxit uxorem illam Jezabel,* laquelle nous est representée, quoiqu'avancée en âge, se servant de fard, mettant du noir à ses sourcils, & ornant sa tête de tous les atours que la vanité peut suggerer, & qui périt malheureusement le jour qu'elle s'étoit le plus parée, ayat été jettée par la fenestre, foulée aux pieds des chevaux, & mangée des chiens, sans qu'il en restât rien que le crane de la tête, qu'elle avoit si soigneusement ornée, les pieds & l'extremité des mains : *depinxit oculos suos stibio, ornavit caput suum, respexit per fenestram ; non invenerunt nisi calvarium, & pedes, & summas manus.*

Sainte Helene, mere du premier Empereur Chrétien, venoit à l'Eglise avec le commun des fideles, revêtuë d'un habit simple & uni, & se rendoit admirable à tout le monde par cet exterieur humble,

& modefte , mettant toute fa magnificence , non à parer fon corps , mais à orner les Autels , & les moindres Oratoires : *affiduè , cunctis videntibus , in Ecclefiam ventitabat , & facras ædes eximiis ornamentis decorabat , ne minimarum quidem urbium facella defpiciens : itaque videre erat mulierem prorfùs admirabilem modefto ac decenti habitu unà cum reliquâ multitudine verfantem , fuamque erga Deum religionem declarantem.* Son fils Conftantin accoûtumé à de fi beaux exemples domeftiques , ne voulut plus , aprés avoir été baptifé , fe revêtir de la pourpre , *baptifatus purpuram contingere amplius noluit.*

En effet, ne faudroit-il pas plûtôt rire & fe mocquer , que non pas s'indigner contre cette fotte vanité ? car enfin les habits les plus magnifiques , dont on flatte tant fon orgueil , ne font ny propres, ny naturels à l'homme ; ils luy font tout-à-fait étrangers : pourquoy donc s'enfler d'un ornement qui ne luy appartient pas, des dépoüilles & des excremens des plus vils animaux , qu'il dérobe aux oifeaux de l'air , aux poiffons de la mer , & aux vers de la terre ; des vêtemens corruptibles , & qui s'ufent fans ceffe ; qui ruinent les familles ; qui bleffent la modeftie & la pudeur ; qui fcandalifent le prochain ; qui font foupçonner celles qui s'en parent, de le faire fouvent au-de-là de leurs facultez , de leur condition , de leur rang , & toûjours au mépris de leur Religion ; & qui les font de plus foupçonner , ou de les porter pour de mauvais deffeins, ou de les avoir acquis par de mauvaifes voyes ; &

qui les menacent du fort du mauvais riche, dont ils portent la livrée, *induebatur purpurâ & byffo :* que si une fleur des champs, qui paffe & fe flêtrit en un moment, eft plus magnifiquement vêtuë que ne l'étoit Salomon dans toute fa gloire, ainfi que nous l'apprend celuy-là-même qui revêt toutes chofes; jugez combien font méprifables des habits que le monde eftime tant : *confiderate lilia agri, quomodo crefcunt, dico autem vobis, quoniam nec Salomon in omni gloriâ fuâ coopertus eft ficut unum ex iftis.*

Saint Bernard, retiré avec fes Freres dans la celebre folitude de Clairvaux, où ils menoient une vie toute celefte; fa Sœur heritiere de leurs grands biens, defireufe de voir fon vénérable Frere, dont la renommée publioit tant de merveilles, vint à la porte du Monaftere avec un fuperbe équipage, & revêtuë de tous les vains ornemens, dont les femmes mondaines ont accoûtumé de fe parer; mais ce Saint eut en horreur tout cet exterieur prophane, & la déteftant, comme un piége du démon pour perdre les ames, & comme un fac d'ordures, il refufa de la voir, *ille deteftans & execrans eam, tanquam rete diaboli ad capiendas animas, & ftercus involutum, nullatenùs acquievit exire ad videndam eam :* Et déslors cette Dame, confufe & humiliée, protefta qu'elle vouloit fe convertir parfaitement, & fuivre l'exemple & les avis de fes Freres : ce qui obligea faint Bernard de la voir, & de l'exhorter à renoncer fur le champ à toute cette pompe & à tous ces vains ajuftemens : ce qu'elle executa fidellement le refte de

Z z z iij

ſa vie, en ſe conſacrant à Dieu d'une maniere tres-édifiante. *Bernardus primo verbo omnem ei mundi gloriam in cultu veſtium , & in omnibus ſæculi pompis & curioſitatibus , interdixit.*

Combien donc S. Jerôme, finiſſant la vie de Saint Paul premier Hermite, a t-il eu raiſon de nous addreſſer ces paroles : Qui que vous ſoyez, dit-il , qui liſez cette hiſtoire , & qui voyez le pauvre vête-ment , dont Paul s'eſt couvert pendant ſa vie , je vous ſupplie de vous ſouvenir du pecheur Jerôme ; Paul, ce merveilleux Solitaire, preſque tout nud, demeura neanmoins revêtu de la tunique de J. C. *ille veſtem Chriſti , nudus licet , tamen ſervavit :* Et vous , ô riches de la terre, vous couvrez votre corps de vêtemens précieux , & votre ame eſt dépoüillée de la grace, qui fait ſon veritable ornement. Paul, aprés ſa mort, n'a eu pour couvrir ſon corps, qu'un peu de pouſſiere ; mais il reſſuſcitera tout couvert de gloire au jour du Jugement : *Paulus viliſſimo pulvere coopertus jacet reſurrecturus in gloriam ;* & vous , avec vos ſomptueux Mauſolées , vous n'aurez pour vêtemens que les vers & les flammes : encore une fois , vous qui liſez cecy , ſouvenez-vous du pecheur Jerôme , qui ſans doute aimeroit mieux être revêtu de la pauvre tunique de Paul avec ſes mérites , que d'être couvert de la pourpre des Rois avec leurs peines : *obſecro quicumque hæc legis , ut Hieronymi peccatoris memineris , cui , ſi Dominus optionem daret , multò magis eligeret tunicam Pauli cum meritis ejus , quàm regum purpuram cum pœnis ſuis.*

Saint Antoine faisoit tant cas de cette pauvre tunique de Paul, qu'il s'en paroit, comme de son plus bel ornement, les jours solemnels de Pâques, & de la Pentecôte, *diebus solemnibus Paschæ & Pentecostes semper Pauli tunicâ vestitus est.* Vrai imitateur de celuy qui pour nous racheter, a bien voulu se couvrir des vils haillons de notre nature. Voilà quel a été l'esprit de l'Eglise & des Saints de tous les siécles au sujet du luxe des femmes, dont notre pecheresse étoit coupable, *mulier in civitate peccatrix.*

VIIIe. On ne voit pas que Magdeleine eût pour lors de pere, ny de mere, & sans doute que se trouvant jeune, belle, riche, & maîtresse d'elle-même & de son bien, elle en prit occasion de se livrer sans aucune retenuë aux vanitez du siécle : mais peut on ne pas croire que ses parens, que Lazare son frere, sa sœur Marthe, & toutes les personnes sages & vertueuses à qui elle appartenoit, désolées d'une conduite si déplorable ne luy representassent pas ses égaremens, & ne luy dissent pas : Ah, ma chere sœur, que faites-vous, & quel chemin prenez-vous ? ne voyez-vous pas que vous vous perdez sans ressource, que vous devenez l'opprobre du monde & le scandale de toute la Ville; enfin ne craignez-vous pas que la main de Dieu ne s'appesantisse sur vous, & que vous ne périssiez par quelque mort funeste ? Qui peut s'empêcher de croire qu'elles ne luy representassent ce que Dieu par la bouche d'Isaye disoit autrefois aux filles de Sion, lorsqu'il leur reprochoit leurs démarches effrontées, *ambulaverunt extento collo,* leurs *Is. 3. 16.*

œillades paſſionnées , *nutibus oculorum ibant* , leurs chauſſures brodées , & leurs croiſſans d'or , *orna-menta calceamentorum , & lunulas* , leurs colliers , leurs fils de perles , leurs bracelets, leurs coëffures ſuperbes , *& torques , & monilia , & armillas , & mitras*, leurs aiguilles de tête, leurs jarretieres, leurs chaînes d'or , leurs boëtes de parfum , leurs pendans d'oreilles , *& diſcriminalia , & periſcelidas , & mure-nulas, & olfactoriola , & inaures*. Leurs bagues,& leurs pierreries, leurs habillemens ſuperbes, leurs écharpes, leurs linges déliez , leurs poinçons de diamans , *& annulos, & gemmas, & mutatoria , & palliola , & lin-teamina , & acus :* Leurs miroirs , leurs chemiſes fi-nes , leurs bonets élevez & leurs robbes traînantes : *& ſpecula , & ſindones , & vittas , & theriſta , &c.* Quels tréſors ne faut-il pas à leurs amans,pour ſoûte-nir de ſi exceſſives dépenſes , que ces malheureuſes créatures leur cauſent, en vêtemens, ornemens, paru-res, ameublemens, pierreries, curioſitez, promenades, ſpectacles , feſtins, équipages, & mille autres prodi-galitez,capables de ruiner les familles les mieux éta-blies ? Mais quels ſupplices ne leur font-elles pas ſouf-frir par leurs infidelitez , leurs tromperies, leurs men-ſonges , leurs imprudences , leurs emportemens , leurs bizarreries, leurs dédains, leurs coleres, leurs reproches , leurs menaces, leurs artifices , leurs ja-louſies , ainſi que l'avoit éprouvé ſaint Auguſtin : *colligabar ærumnoſis nexibus , ut cæderer virgis ferreis ardentibus, zeli & ſuſpicionum, & timorum , & ira-rum , atque rixarum.*

Telles

Telles font dans les perſonnes du ſexe les inclina-
tions vicieuſes de la nature corrompuë, & fortifiée
d'une mauvaiſe éducation ; voicy quelle doit être
l'inſtitution d'une fille Chrétienne, ſelon ſaint Jerôme : Il faut, dit ce Pere que les vêtemens & les parures d'une vierge voüée au Seigneur, luy apprennent
par leur ſimplicité à quel époux ſon ame eſt
promiſe ; *ipſe habitus, & veſtitus doceat eam cui pro-*
miſſa ſit. A Dieu ne plaiſe qu'elle porte des pendans
d'oreille, ny qu'elle charge ſa tête de pierreries, ny
qu'elle orne ſon col d'or ny de perles, ny qu'elle
ajoûte au naturel de ſes cheveux des couleurs em-
pruntées, & des agrémens artificiels, le fard & le
blanc : *cave ne aures ejus perfores, ne ceruſſà aut pur-*
puriſſo ora depingas, nec collum auro, & margaritis
premas, nec caput gemmis oneres, nec capillos inrufes.
Qu'elle ſe garde de mettre du rouge ſur ſes joües, de
peur que ce ne luy ſoit un triſte préſage des feux
de l'Enfer, *nec genas rubore macules, ne ei aliquid de*
gehennæ ignibus auſpiceris. En un mot, dit Tertullien, qu'elle ne ſurajoûte rien au naturel de ſon vi-
ſage ; car ce que la nature produit eſt l'ouvrage de
Dieu, & ce que la vanité ſurajoûte eſt l'ouvrage
du démon, *quod naſcitur opus Dei eſt, quod inſigitur,* *Tert. de cultu*
diaboli negotium eſt : & qu'elle ſçache que la réfor- *fœm. c. 5.*
mation de l'ouvrage eſt la condamnation de l'ouvrier :
reprehendunt artificem, cùm emendant opus, cùm ad-
jiciunt.

De nos jours, continuë ſaint Jerôme, une Dame
Romaine ayant par l'ordre de ſon Epoux orné d'aju-

stemens mondains une vierge de qualité voüée à Dieu, un Ange luy apparut la nuit suivante, qui d'une voix terrible, luy dit, que ses mains sacrileges, pour avoir osé prophaner une vierge de Jesus-Christ, secheroient sur le champ, que par la grandeur des douleurs qu'elle sentiroit, elle jugeroit de la grandeur du peché qu'elle avoit commis, & que si elle ne cessoit d'ajuster cette fille, elle perdroit son mary & ses enfans, & qu'elle-même mourroit au bout du mois, prédictions qui s'accomplirent à la lettre.

Mais voicy plus que saint Jerôme : que les femmes, dit l'Apôtre saint Pierre, renoncent à la frisure des cheveux, aux ornemens d'or, & à la somptuosité des habits, & qu'elles s'appliquent à l'embellissement de leur interieur, par la pratique de la douceur & de la modestie, qui font les riches beautez que Dieu prise : Qu'elles soient vêtuës honnestement, ajoûte l'Apôtre saint Paul, qu'elles se parent avec modestie & pudeur, & non avec des cheveux frisez, ny avec des ornemens d'or, des pierreries, ou des robbes riches & précieuses, mais comme il est bien-féant à des femmes qui font profession de montrer de la pieté par la pratique des bonnes œuvres.

Pour revenir aux sages avis que l'on donnoit à Magdeleine, qu'il y a lieu de craindre qu'elle ne répondît ce que toutes les personnes libertines de son sexe ont accoûtumé de répondre en de semblables occasions, qu'il n'étoit pas possible à une fille de son âge &

de sa qualité, de s'abstenir des divertissemens & des so-
cietez qui luy convenoient ; qu'elle se mettoit peu en
peine des discours du monde ; que les plus innocens
n'étoient pas à couvert de la médisance; & que sa conscience ne lui reprochant rien, elle se moquoit du reste;
ou peut-être que, semblable à cette même fille de
Sion, elle répondoit à ses parens ce que celle cy répondoit au Prophete Jeremie: ne me parlez pas davantage , je suis dans le désespoir de ma conversion &
de mon salut , *& dixisti ; desperavi , nequaquàm fa-*   *2. 25.*
ciam : Je suis trop attachée à mes amans & à mes
corrupteurs , je ne m'en séparerai jamais , & j'ai
résolu de courir aprés eux , *adamavi quippe*
alienos , & post eos ambulabo. Tel étoit l'état de Magdeleine , qui semblable à cette femme perduë , dont
parle Salomon , avoit dépoüillé toute pudeur , &
levé l'étendart du libertinage , *quæ reliquit ducem pu-*   *Pr. 2. 17.*
bertatis suæ & pacti Dei sui oblita est : devenant ainsi tout à la fois infidelle , & à celuy à qui elle avoit
pû s'unir sur la terre , par le mariage , & au Seigneur qui l'avoit épousée dans le Ciel , par la Foy.

7°. Pour comble , & tout ensemble pour punition de tant de de crimes , l'Evangeliste assûre qu'elle fut possedée du démon , & non-seulement d'un
démon , mais de sept démons : *Maria Magdelena ,*
de quâ septem dæmonia ejecerat : ces esprits immon-
des ne trouvant point de domicile plus convenable
pour eux , que le cœur d'une femme prostituée au
vice. Helas ! que ne firent-ils pas en elle , & par elle ? que de flammes impures n'allumerent-ils pas dans

ceux qui l'abordoient ? ils se saisirent d'elle , comme
d'une forteresse propre à faire le guerre à la chasteté
des hommes : l'un s'empara de cette belle tête , &
de ses cheveux si bien peignez, frisez, poudrez, par-
fumez , selon cette parole d'un Pere : *cæsaries compta,
nidus diaboli:* L'autre se mit dans ses yeux si brillans &
si doux ; l'autre établit sa demeure sur cette bouche si
vermeille , & sur ces lévres de corail : l'autre sur ce
sein si éclatant de blancheur; l'autre sur ces mains & sur
ces bras si soigneusement oints de pommade, & arro-
sez d'eau de senteur; l'autre sur ses habits , & ses divers
ajustemens si pompeux , & tout ensemble si immode-
stes & si propres à ne pas cacher des nuditez qu'on
veut bien laisser entrevoir , suivant le genie de ce
sexe, qui ne peut se défaire du desir de plaire, de se
faire aimer , & de s'attacher le cœur des hommes ,
*pectus & colla denudat , pallio revoluto , cervicem ape-
rit ,* dit saint Jerôme : Enfin l'autre , sur ses pieds si
portez à la danse , & ornez de chaussures si propres ,
pedes ejus descendunt in mortem , dit le Sage , *& ad in-
feros gressus ejus penetrant.*

Tels furent en un sens les sept démons dont Magdeleine étoit possedée , & dont le Seigneur la déli-
vra , *de quâ septem dæmonia ejecerat ,* si bien que les
amateurs d'un objet si charmant aux yeux du corps,
comme étoit cette pecheresse , croyant ne se laisser
aller qu'au penchant d'une affection humaine, se jet-
terent sans le sçavoir entre les bras de ces esprits im-
mondes , qui ne manquoient pas de leur inspirer
toutes les ardeurs d'une convoitise effrenée , & d'a-

joûter à la corruption de leur chair, l'embrafe-
ment general de leur ame & de leurs facultez : Et
qui fçait fi ces efprits meurtriers & homicides dés le
commencement du monde, ne firent pas trouver la
mort à plufieurs de ces luxurieux, au milieu de leurs
voluptez infames, comme autrefois ils tuerent les
fept maris de Sara, qui ne cherchoient auprés d'elle
qu'à fatisfaire leurs paffions animales : *ut fuæ libini* *Tob. c. 14.*
vacarent, ficut equus & mulus, quia dæmonium occidit
illos. Malheur qui n'eft encore que trop commun,
par les maladies honteufes & les morts affreufes que
caufe ce peché tous les jours : ainfi, parce que Magdeleine s'étant livrée au peché, avoit abandonné
l'Auteur de la vie, elle mérita d'être juftement livrée à l'ancien auteur du peché, & de fe voir affu-
jettie à l'Ange prépofé à la mort, & qui fans doute
la fit gémir, comme fit depuis faint Auguftin par
ces paroles : *Quoniam juftus es, Domine, nos autem* *Conf. 7. 21.*
peccavimus : & juftè traditi fumus antiquo peccatori *Heb. 1. 14.*
præpofito mortis. Sur quoy on peut obferver aprés
les faints Docteurs, qu'il y a deux fortes de poffef-
fions, l'une vifible & corporelle, qui fe déclare par
les clameurs, les agitations, les contorfions, &
mille autres fignes terribles : l'autre interieure &
fpirituelle, qui n'éclate pas au dehors, mais qui fe
fait fentir au-dedans par des effets d'autant plus fu-
neftes, qu'ils vont plus à la ruine des ames, &
qu'ils tiennent davantage du caractere des pechez du
diable : tels font certains pecheurs obftinez dans leurs
crimes, endurcis dans leurs habitudes, incorrigibles

dans leurs mœurs, incredules, impies, railleurs
des choses saintes, sans honte, & sans pudeur,
portant un front hautain, semblable à celuy d'une
femme prostituée, dont parle Jeremie, laquelle ne
sçait pas rougir de son crime, *frons mulieris meretricis*
facta est tibi, noluisti erubescere : qui l'eût crû, que Saül
au milieu de sonPalais & de ses fonctions ordinaires,
eût été possedé par un esprit malin, *spiritus nequam ?*
que cet homme de l'Evangile, qui retomba dans
son peché fût devenu la retraite de sept démons, qui
le possederent, *& intrantes, habitant ibi ?* que Sa-
tan eût osé entrer dans le corps de Judas assis à la
table même du Sauveur, *& post buccellam introivit*
in eum satanas : sans néanmoins qu'il parût rien au
dehors qui marquast cette possession ? Et ce n'est pas
sans raison que beaucoup de saints Docteurs ont
enseigné, que cette espece de possession étoit peut-
être aussi frequente & plus dangereuse que l'autre ;
& que Magdeleine l'étoit en cette maniere ? quelle
puissante grace ne falut-il donc pas pour rompre
tant de forts liens, dont elle étoit garotée, & pour
la délivrer de tant d'hôtes opiniâtres, & forts, dont
elle étoit tyrannisée. Voicy comment ce double mi-
racle de grace s'opera.

SECONDE CONSIDERATION.

On ne lit point dans l'Evangile, que Magdeleine eût vû ou entendu Jesus-Christ avant la visite
d'aujourd'huy mais il paroît certain qu'elle sça-

voit ce qu'on difoit de luy, de fa doctrine, & de fes miracles, & qu'elle cherchoit à luy parler. La maifon de Simon, qui tres-apparemment en avoit encore une à Bethanie auffi-bien que Magdeleine (à laquelle il la prêta la veille du jour des Rameaux, à caufe peut-être de fes plus grands apartemens, pour y donner un celebre fouper au Sauveur)ce qui faifoit qu'elle connoiffoit cePharifien particulierement, lui parut commode pour fon deffein. Ayant donc appris que J.C. étoit dans cette maifon, elle vint l'y trouver, *ut cognovit quòd accubuiffet in domo Pharifæi:* Elle y vint exterieurement, parce que le Sauveur l'y attiroit interieurement par une grace prévenante, à laquelle Magdeleine correfpondit fidélement : *fufcipientem, dicam, an trahentem ? dicam melius, trahentem & fufcipientem, quia nimirùm ipfe eam per mifericordiam traxit intus, qui per manfuetudinem fufcepit foris,* dit faint Gregoire. Car, ainfi que l'explique faint Auguftin, quand l'Efprit de Dieu opere, & que l'homme coopere, alors l'œuvre du falut s'opere : *quando enim cum Spiritu Dei operante, fpiritus hominis cooperatur, tunc quod Deus juffit, impletur :* L'ouvrage de la juftification confiftant à cooperer bien à celuy qui opere le bien, *adhærere ad bene cooperandum bona operanti Deo :* C'eft pourquoy, ajoûte ce grand Docteur, le Roy pénitent difoit : Seigneur, aidez-nous, vous êtes nôtre falut, *adjuvà nos, Deus, falutaris nofter :* car en difant que Dieu étoit *fon falut,* il publioit la néceffité de l'operation de la grace pour le falut : & demandant à Dieu *qu'il l'aidât,* il confeffoit la neceffité de la cooperation du libre arbitre à la grace pour le mérite, & n'étoit ainſi ny ingrat à la grace operante, ny deſtructeur du libre arbitre cooperant : *cùm verò adjuvari nos vult, nec ingratus eſt gratiæ, nec tollit liberum arbitrium, qui enim adjuvatur, etiam per ſeipſum aliquid agit.* Il n'en eſt pas néanmoins du concours de la grace & du libre arbitre, comme de deux hommes qui concourent également à traîner un même chariot, parce que l'un ne tire pas ſa force de l'autre; au lieu que le libre arbitre n'a point de forces pour le bien, que celles que la grace luy donne : *neque ſine gratiâ Dei movere ſe ad juſtitiam coram illo, liberâ ſuâ voluntate, poteſt homo.*

Iº. Magdeleine vint donc à Jeſus-Chriſt, parce qu'elle fut attirée ; elle fut reçûë, parce qu'elle répondit à cet attrait, *trahens & ſuſcipiens*, & elle y fut conduite par un mouvement de l'Eſprit ſaint, d'autant plus marqué, que ce ne fut pas, dit ſaint Chryſoſtome, pour luy demander, comme preſque tous les autres qui l'abordoient, ou des ſecours temporels dans leurs beſoins, ou des remédes corporels dans leurs maladies : mais uniquement pour en impétrer des graces ſpirituelles : *cùmque omnes curationis corporeæ gratia adiſſent, ſola hæc ad honorem ei conferendum, & animæ incolumitatem acquirendam, acceſſit : nullâ enim corporis ægrotatione laborabat :* au contraire elle eut le bonheur ineſtimable de ſervir temporellement & corporellement celuy dont tout bien découle : ſaint Luc rapporte qu'un particulier l'abordant, le preſſoit d'obliger ſon frere à

partager

partager avec luy son heritage : *dic fratri meo ut dividat mecum hæreditatem* : L'aveugle de Jericho ne l'invoqua que pour en obtenir la vûë corporelle, *Domine, ut videam* : Le Lepreux aux pieds de la montagne, ne s'adressa à luy que pour être purifié de sa lepre, *Domine, si vis, potes me mundare* : L'Hemorroïsse ne toucha son habit que pour arréter le sang qu'elle perdoit, *si tetigero, salva ero.* En un mot, on ne luy amenoit que des paralytiques qui vouloient agir, des sourds qui vouloient entendre, des muets qui vouloient parler, des boiteux qui vouloient marcher droit, des malades qui vouloient guerir, *habentes secum, mutos, cæcos, claudos, debiles, & alios multos projecerunt ad pedes ejus, & curavit eos.* Mais Magdeleine, qui, selon saint Gregoire, figuroit l'Eglise uniquement occupée des biens spirituels, *peccatrix mulier veniens & plorans, conversam gentilitatem designans ;* ne pretendoit avoir des richesses, que pour en revêtir ceux qui s'en étoient dépoüillez pour Jesus-Christ, *ministrabat de facultatibus suis ;* elle ne desiroit l'usage de ses mains, que pour servir les pauvres en la personne de celuy qui s'est fait le serviteur de tous, *unguento ungebat ;* elle ne vouloit des yeux, que pour pleurer ses pechez, *lachrymis cœpit rigare pedes ejus ;* des oreilles, que pour écouter les paroles de vie, *sedens secus pedes Domini audiebat verbum illius ;* un cœur que pour aimer Jesus-Christ, *dilexit multùm.*

I I°. Nôtre pecheresse ne differe pas d'un moment son retour à Dieu, *ut audivit accessit ;* nouveau caractere & parfait modele d'une veritable conver-

B b b b

Luc 12 13.

Luc 18. 41.

Luc 5. 12.

Matth. 9. 21.

Matth. 15. 30.

Luc 8. 3.

Luc 10. 30.

fion. La grace du Saint-Efprit ne fouffre point de retardement, dit faint Ambroife, *nefcit tarda molimina Spiritûs fanſti gratia.* Le Sage nous exhorte de nous preffer à faire le bien, *quodcunque poteſt manus tua, inſtanter operare*; l'incertitude & la brieveté de cette vie nous y engagent, ne fçachant pas ce que produira le lendemain, ni peut-être la nuit prochaine : *Non tardes converti ad Dominum, & ne differas de die in diem; fubitò enim veniet ira illius, & in tempore vindicſæ difperdet te :* les difficultez qui s'accroiffent de jour en jour par nôtre retardement, augmentent cette obligation : d'ailleurs les mauvaifes habitudes qui s'enracinent de plus en plus par nos remifes continuelles; les graces qui diminuënt par l'abus que nous en faifons; le Demon qui fe fortifie par fes frequentes victoires; la chair qui s'affoiblit par fes rechûtes perpetuelles; tout cela nous prêche la même verité. Celuy qui ne demandoit que le temps d'aller enfevelir fon pere avant que de fuivre Jefus-Chrift, fut blâmé de fon retardement, ainfi que l'autre, qui ne defiroit que d'aller faire une renonciation à fon heritage. Le Roy pénitent, dit faint Ambroife, au moment qu'il fut repris, confeffa fon crime : *Peccavi Domino*, & le détefta fur le champ, *ne exiguo quidem momento manere penes fe deliſti paffus eſt confcientiam.*

Enfin Jefus-Chrift même nous inſtruit de cette importante verité, puifque fa premiere difpofition entrant en ce monde, fut de s'offrir en facrifice pour l'expiation des pechez du monde, & que les premiers

Eccl. 5. 8.

inſtans de ſa vie & de ſon zele ont été de même datte , *ingrediens hunc mundum , dixit : Ecce venio.* C'eſt à cette ſource de grace que participa Magdeleine, puiſqu'il eſt écrit, qu'elle n'eut pas plûtôt écouté, qu'elle vint, *ut audivit, acceſſit.*

I I Iº. Elle fait plus , elle ſurmonte le reſpect humain, qui l'avoit ſi ſouvent ſurmontée, *convivantes non erubuit*, dit ſaint Gregoire, & qui ſurmonte tant de Dames mondaines, & timides, les empêchant de ſe declarer ouvertement pour la vertu : elle entre hardiment dans la ſalle du banquet ſans y être invitée, *non juſſa venit*, continuë le même Pere, & ſans ſe mettre en peine du jugement que les conviez, tous gens qualifiez ſelon le ſiecle, & ſçavans ſelon la Loy , feroient d'elle & de ſa dévotion : *Et cœperunt qui ſimul acccumbebant dicere intra ſe*, *Quis eſt hic qui etiam peccata dimittit ?* Elle ſe jette fondant en larmes devant tout le monde, aux pieds du Sauveur, *ſtans retrò ſecus pedes ejus :* Celle qui n'avoit pas eu honte du crime, n'eut pas honte de la penitence : *Quæ priùs frontoſa erat ad perditionem , poſteà frontoſior facta eſt ad ſalutem*, dit ſaint Auguſtin : celle qui s'étoit livrée ſans moderation aux plaiſirs, ſe livre ſans diſcretion à la douleur : *conſideravit quæ fecit, & noluit moderari quid faceret*, ajoûte ſaint Gregoire : celle qui s'étoit ſoüillée ſans ſe cacher dans l'ordure de tout vice, court publiquement ſe purifier dans la fontaine de toute juſtice : *quia turpitudinis ſuæ maculas aſpexit, lavanda ad fontem miſericordiæ cucurrit.*

En effet , que craignez-vous, Soldat de Jeſus-

Serm. 58.
de Temp.
poſt med.

Bbbb ij

Chriſt? quoy, des paroles, que le Sauveur dédaigna
de refuter autrement que par ſon ſilence, & que ſaint
Paul n'a pas ſeulement mis au nombre des choſes
qui peuvent nous ſeparer de la pieté, comme obſerve
Origene? *Obſerva quòd Paulus innumera percenſens quæ*
à dilectione Chriſti, & à charitate Dei ſeparare ſoleant,
verba non ponit. Semblable à ces timides oiſeaux, dit
ſaint Auguſtin, qui refugiez dans un buiſſon épais
pour ſe garantir du chaſſeur, en ſortent effrayez par
la crainte d'une pierre qu'on y jette au hazard, &
tombent dans le filet qu'on leur tend ; la crainte
jettée dans vôtre eſprit de paſſer dans le monde pour
un faux dévot, vous oblige de ſortir des bornes de
la juſtice, & vous fait donner dans les rets du Demon:
Timens avis inanem ſonum, cadit in retia : ſic homines ti-
mentes inſultatorum verba vana, & inania, & erubeſ-
centes convitiis ſuperfluis, cadunt in laqueos venantium, &
captivantur à Diabolo. Semblable encore à l'Armée
des Aſſyriens, qui s'enfuit aux ſeules clameurs d'une
Armée imaginaire, vous deſertez la Milice Chrétienne au ſeul bruit des railleries mondaines ; que ne
feroient pas ſur vous les tortures & les ſupplices?
Dominus ſonitum audiri fecerat in caſtris Syriæ, curruum
& equorum.... & fugerunt in tenebris : Vous armez du
ſigne de la Croix vôtre front, qui, ſelon la remarque du même Pere, eſt le ſiege de la har-
dieſſe, pour declarer hautement que vous étes
Chrétien ; & cependant au moindre mot, vous rou-
giſſez de l'Evangile! *Non enim ſine cauſa ſignum ſuum*
Chriſtus in fronte figi voluit, tanquam in ſede pudoris, ne

Chrifti opprobrio erubefcat Chriftianus. Aprés tout, quels
font ceux dont vous craignez fi fort les jugemens?
ne font-ce pas des infenfez, des impies, des ennemis de toute Religion? devez-vous les preferer au
fentiment des Saints, des fages, des gens de bien, des
amis de Dieu? Que diriez-vous, fi des aveugles, des
fourds, des muets, des boiteux, fe mocquoient de
ceux qui voyent, qui entendent, qui parlent, & qui
vont droit? Vous voudriez marcher dans les voyes
de Dieu, fans que les pecheurs murmuraffent contre
vous; voyager fans que les chiens aboyaffent aprés
vous: les Juifs dans le cœur croyoient à Jefus-Chrift,
& la crainte d'être blâmez leur fermoit la bouche,
dilexerunt enim gloriam hominum magis quàm Dei. Mais
nôtre pecherefle crut de cœur, & confefla de bouche, *acceffit confeffa, ut rediret profeffa*, dit faint Auguftin: devenuë hardie, elle entra tête levée dans la
falle du feftin fans y être appellée, *intravit in domum
quò non erat invitata;* & elle foula aux pieds tout ref-
pect humain, *& defiderio falutis facta eft impudens.* La
douleur qu'elle avoit de fon peché luy fit méprifer la
crainte de paroître pecherefle, ajoûte faint Gregoire,
*nam quia femetipfam graviter erubefcebat intùs, nihil effe cre-
didit quod verecundaretur foris.* Il eft pourtant vray, que
fi elle ne fut pas appellée au dehors par la voix du Pharifien à un feftin materiel, elle vint attirée au dedans
par la grace de Jefus-Chrift à un feftin fpirituel, &
que fi ce ne fut pas l'hôte qui la convia, ce fut l'invité
qui l'attira, ainfi que s'exprime ailleurs le même Pere,
irrupit in alienam domum quò non erat invitata ab hofpite,

B b b b iij

*Join. 12.
14.*

*L. 150.
Hom. 5 & 23.*

*Tract. 7.
in Joan.
poft med.*

*In Pf. 65.
circ. fi.*

sed ab invitato vocata , non linguâ, sed gratiâ.

I V°. Les larmes qu'elle répandit font voir combien cet attrait fut doux & puissant , *lachrymis cœpit rigare pedes ejus.* Saint Chrysostome remarque admirablement, que Dieu ne nous a donné le don de pleurer , que pour nous purifier de nos pechez , & recouvrer la grace : quand vous avez perdu la santé, dit ce Pere , vos biens, vôtre honneur , vos parens les plus chers, versez des torrens de larmes, si vous voulez, ce sera inutilement , & vos maux n'en seront pas moindres; mais si vous avez perdu l'innocence , la justice, la grace , la sainteté, l'heritage celeste, l'amitié de Dieu , & Dieu même; pleurez , & vous recouvrerez toutes choses avec usure : *Ægrotantem domestici & proximi ululant & ingemiscunt; sed frustrà: nam licèt omnis mundus defleat, nequaquam vel moribundum liberabit, vel mortuum suscitabit. In animâ non sic: si enim mortuam fleveris , excitabis; sic Prophetæ , sic Paulus flent, & resuscitant.* Combien de fois le Seigneur a-t-il promis par ses Prophetes , qu'au moment que nous gémirions, il ne se souviendroit plus de nos iniquitez? Quel torrent de larmes ne versa pas le Roy pénitent? il assure que le silence de ses nuits étoit interrompu par le bruit de ses sanglots, & que ses pleurs couloient avec tant d'abondance, que son lit en étoit tout baigné : *Laboravi in gemitu meo, lavabo per singulas noctes lectum meum , lachrymis meis stratum meum rigabo;* que son cœur affligé luy faisoit pousser des cris plus semblables à des rugissemens, qu'à des gémissemens humains , *rugiebam à gemitu cordis mei:* que l'eau qui sortoit de ses yeux se

Ps. 6. 6.

Ps. 37. 8.

méloit avec l'eau qui luy servoit de breuvage, *& po-* *Pf. 101.*
tum meum cum fletu miscebam : que ses soupirs éclatans *10.*
s'élevoient jusqu'aux oreilles du Tres-haut, *auribus* *Pf. 38.16.*
percipe lachrymas meas ; & qu'il presentoit devant le
Seigneur ses larmes ramassées comme dans un vase,
afin de l'émouvoir à compassion, *posuisti lachrymas*
meas in conspectu tuo : tel est le modele de la vraye peni- *Lib. 22.*
tence, dit saint Augustin, *David forma pœnitendi.* *cont. Faust.*
c. 97.

Saint Pierre ne fut pas plûtôt touché de l'esprit de
pénitence, qu'il commença de pleurer amerement
son peché, dit l'Evangeliste ; *& egressus Petrus flevit*
amarè, cœpit flere, pour marquer dit saint Clement,
qu'il ne finit ses larmes qu'avec sa vie : Je ne trouve
point que Pierre ait parlé, dit saint Ambroise ; mais
je trouve qu'il a pleuré. Heureuses larmes, qui ne de-
mandent point le pardon, mais qui le méritent ; *non*
invenio quid dixerit, invenio quòd fleverit, lachrymæ ve-
niam non postulant, & merentur. Telle fut Magdeleine,
lachrymis cœpit rigare pedes ejus.

Saint Abraham, celebre Solitaire, ne passa aucun
jour ni aucune nuit de sa vie, au rapport de saint
Ephrem, sans répandre des larmes pour ses pechez, *Vita Patr.*
& pour ceux des autres, *& in omni tempore institutionis* *p. 149.*
suæ non præterivit eum sine lachrymis dies.

Sainte Domnine versoit si continuellement des
larmes, que non seulement ses joües, mais ses habits
même en étoient détrempez, *continuis lachrymis non so-* *Vit. Patr.*
lùm rigabat genas, sed etiam vestimenta. *p. 856.*

Saint Arsene passoit sa vie à pleurer, étant assis & tra-
vaillant de ses mains à quelque ouvrage, il portoit en

son sein un morceau d'étoffe pour recevoir l'eau qui tomboit de ses yeux: *Pili autem oculorum ejus ex jugi fletu ceciderunt; nam per omne tempus vitæ suæ sedens, & operans, pannum in sinu suo habebat, propter lachrymas defluentes ex oculis ejus.* Etant sur le point de mourir, il redoubla ses pleurs, & ses Freres luy en ayant demandé la cause, il répondit que depuis qu'il s'étoit fait Solitaire, il n'avoit jamais cessé de craindre & de pleurer: *Dum ergo moreretur cæpit flere, & cùm Fratres ejus requirerent dicentes, quid fles, Pater? numquid & tu times? ille respondit: in veritate timeo, & iste timor qui nunc mecum est, semper in me fuit ex quo factus sum monachus.* Ayant expiré, un saint Abbé qui se trouva present, s'écria: Que vous êtes heureux, ô Arsene, d'avoir tant pleuré en cette vie, car vous ne pleurerez pas en l'autre! *Cùm autem vidisset Abbas Poemon quia transiit, dixit: Beatus es, Arseni, quia te tantum in hoc sæculo planxisti; qui enim hìc se non planxerit, illic in perpetuum lugebit.*

Sainte Olympiade étoit si penetrée de l'esprit de componction, qu'elle versoit des ruisseaux de larmes si abondantes & si continuelles, que leur source paroissoit plus intarissable que les fontaines des champs: *Omnis ejus vita erat in compunctione, & frequenti profluvio lachrymarum, & potiùs videre licebat fonti sua deficere fluenta, quàm ex ejus oculis lachrymas deficere.*

Saint Antoine interrogé par un Solitaire, ce qu'il feroit pour se purifier de ses pechez, ce sera, repartit ce grand Saint, en répandant des larmes & des pleurs: *Qui vult liberari à peccatis, fletu & planctu liberabitur ab eis.* Qui veut, ajoûta-t-il, multiplier en soy les vertus,

tus, qu'il ait à multiplier ses larmes : *qui vult ædifi-
cari in virtutibus, per fletum lacrymarum ædificatur.*
Saint Pierre, continua-t-il, recouvra par ses larmes,
ce qu'il avoit perdu par son crime, *sanctus Petrus
flendo recepit, quod in Christum negando commiserat.*

Sainte Fabiole pleura si amérement & si abon-
damment ses désordres, que saint Jerôme s'écrie :
quels pechez n'eussent pas été lavez par de telles
larmes ! *quæ peccata fletus iste non purget ?* quelles ta-
ches, pour noires qu'elles fussent, n'eussent pas été ef-
facées par un tel bain, *quas inveteratas maculas hæc
lamenta non abluant ?*

Saint Augustin a pleuré plus que personne par
esprit, & d'une amére pénitence, & d'une tendre
dévotion : il raconte particulierement, qu'au moment de sa conversion s'étant représenté tout d'un
coup l'histoire déplorable de sa vie, il s'éleva du
fond de son cœur contrit & humilié, un nuage
épais dans la haute region de son esprit, qui se répandit aussi tôt en deux torrens de larmes, *ubi verò
à fundo arcano alta consideratio contraxit, & congessit to-
tam miseriam meam in conspectum cordis mei, oborta est
procella ingens, ferens ingentem imbrem lacrymarum :* Sur
quoy s'étant retiré à l'écart pour répandre en liberté de tels torrens, il s'abandonna sans réserve aux
sanglots & aux soûpirs : *solitudo enim mihi aptior
ad negotium flendi suggerebatur, & proruperunt flumina
oculorum meorum, acceptabile sacrificium tuum.* Quelle
douceur interieure n'éprouva-t-il pas en lisant les
Pseaumes du Roy pénitent, *& currebant lacrymæ, &*

Vita s. Fab.

Conf. 8. 11.

C c c c

benè mihi erat cum eis : cet efprit de componction qui fut fon vray caractere, l'accompagna jufqu'à la mort ; car s'étant fait écrire les Pfeaumes de la pénitence contre la muraille de fa ruelle, il les li-foit continuellement, & répandoit fans ceffe des lar-mes : *nam fibi jufferat Pfalmos Davidicos de pœniten-tiâ fcribi, ipfofque jacens in lecto contra parietem pofi-tos diebus fuæ infirmitatis intuebatur, & legebat, & jugiter ac ubertim flebat.*

Marie, ajoûtoit faint Antoine dans l'endroit rapporté cy deffus, eft dite avoir choifi la meilleure part, à caufe qu'elle arrofa de fes larmes les pieds de Jefus-Chrift: *Maria quia cum lacrymis rigavit pedes Do-mini, meruit audire fe optimam partem elegiffe.* Que fi Madeleine pleura amérement dans la maifon du Pha-rifien, combien de larmes ne verfa-t-elle pas fur le tombeau du Sauveur, ne pouvant plus en répandre fur fes pieds adorables ? *Maria autem ftabat ad monumen-tum plorans.*

Mais helas ! qu'eft devenu ce don de larmes ? Il s'eft prefque perdu dans l'Eglife avec le don des Mi-racles, parce que perfonne ne veut en donner le prix, qui confifte à fe priver de toutes les fatisfactions humaines, & qu'on ne peut, dit faint Jerôme, joüir tout enfemble, & des confolations interieures, & des délices exterieures. Il eft vray que les larmes fenfibles ne font pas toûjours néceffaires ; mais aprés tout, c'eft une maxime établie dans la doctrine des Saints, qu'un pecheur qui ne pleure pas, mérite qu'on le pleure.

Vo. Aux larmes elle ajoûta les humiliations , productions faintes d'un cœur repentant & touché : n'ofant paroître devant le Sauveur , elle fe tint derriere luy , comme une femme immonde & indigne de fes regards , *ftans retrò fecus pedes ejus :* cet abbaiffement exterieur , figure de l'humiliation interieure , a toûjours été la pofture d'un pecheur qui fe reconnoît. David ne fut pas plûtôt frappé d'un vif fentiment de pénitence , qu'il tomba la face contre terre , *& jacuit fuper terram.* Achab effrayé des menaces du Prophete Elie , dépofa fon orgueil , & couvert d'un fac , il marcha la tête baiffée , *ambulavit demiffo capite.* Manaffés abbatu fous le poids de fes crimes , confeffe qu'il n'eft pas digne de regarder le Ciel , *non fum dignus intueri & afpicere altitudinem cœli , præ multitudine iniquitatum mearum.* Jofaphat ne défefpere point de la mifericorde divine , parce qu'il luy refte encore la liberté de lever les yeux au Ciel , *hoc habemus refidui , ut oculos noftros dirigamus ad te.* Le Publicain confus de fes crimes, n'a pas la hardieffe de s'aprocher de l'Autel , ni de regarder le Ciel , *Publicanus à longè ftans, nolebat nec oculos ad cœlum levare.* L'Enfant prodigue moins couvert de haillons que de honte, n'eut pas plûtôt apperçû fon pere , que profterné en efprit , il luy dit : J'ay peché contre le Ciel , & devant vous , je ne fuis pas digne d'être appellé vôtre fils , *Pater , peccavi in cœlum , & coram te , jam non fum dignus vocari filius tuus.* Thaïs , celebre pénitente , n'ofoit pas même dans fa priere prononcer le nom de Dieu, ny lever fes mains en haut , contente de dire dans

C c c c ij

un profond abbaiſſement , vous qui m'avez créé ,
prenez pitié de moy , *qui plaſmaſti me , miſerere mei.*
Sainte Fabiole , au rapport de ſaint Jerôme , ſe voulut interdire elle-même l'entrée de l'Egliſe , ſe con-
tentant de gémir à la porte , en Pénitente publique ,
l'habit déchiré , la tête nuë , & dans un profond ſilence ; elle n'eut point honte de paroître en cet
état devant le Clergé de Rome , & le peuple fidéle ;
craignant que ſi elle ne s'humilioit , ou que ſi elle
rougiſſoit de paroître une pechereſſe aux yeux des
hommes ſur la terre , Jeſus-Chriſt ne la mît au rang
des réprouvez , & ne rougît d'elle aux yeux de ſon
Pere , & des Anges dans le Ciel : Elle imita la
confuſion de Marie ſœur de Moiſe qui frappée
d'horreur , à cauſe de la lépre dont elle étoit couver-
te , ſe tint hors du camp , ſéparée du reſte des Iſ-
raëlites , *non ingreſſa in Eccleſiam Domini , ſed extra
caſtra cum Mariâ ſorore Moyſi ſeparata conſedit , diſſu-
ta habuit latera , nudum caput , clauſum os , non eſt
confuſa Dominum in terris , ut ille eam non confunderet
in cœlis.* De cette ſorte Magdeleine proſternée
derriere Jeſus - Chriſt , n'oſoit ny paroître devant
luy , ny luy parler , ny s'expoſer à ſes regards , ny
jetter ſes regards ſur luy : *ſtans retrò ſecùs pedes Domini.*

VI°. Les ſaints Peres ont encore obſervé comme
la marque aſſûrée d'une parfaite converſion , que
Magdeleine fit ſervir à la pieté tout ce qu'elle avoit
conſacré juſqu'alors à la vanité , *quod ergò ſibi turpi-
ter exhibuerat ,* dit ſaint Gregoire , *hoc jam Deo lau-*

dabiliter offerebat. Car premierement , ces odeurs
exquifes dont elle avoit jufqu'alors parfumé fa chair
corruptible , furent faintement employées pour embaumer la chair adorable de Jefus-Chrift , *liquet ,*
fratres , quòd illicitis actibus mulier intenta unguentum
fibi pro odore fuæ carnis adhibuit , &c. Ses yeux qu'elle avoit auparavant employez à jetter des regards de
concupifcence , ne furent plus employez qu'à répandre des larmes de pénitence , *oculis terrena con-*
cupierat , fed hos jam per pœnitentiam conterens , fle-
bat. Ses cheveux qui ne luy fervoient que pour
embellir fa tête élevée par la fuperbe , ne fervent
maintenant que pour effuyer fon vifage défiguré
par les pleurs , *capillos ad compofitionem vultús exhi-*
buerat , fed jam capillis lacrymas tergebat. Sa bouche
qui n'avoit eu d'ufage que pour proferer des paroles
de hauteur , n'en a plus maintenant que pour baifer
les pieds de fon humble Rédempteur, *ore fuperba dixe-*
rat , fed pedes Domini ofculans , hoc in Redemptoris fui
veftigia figebat. Ses biens temporels, qu'elle confu-
moit à faire éclater fa vanité dans les affemblées
publiques , ne fervent plus qu'à faire retentir la verité par la prédication Evangelique , *& circuibat*
Jefus omnes civitates & caftella , docens in Synagogis,
& prædicans Evangelium , & duodecim cum illo , &
Maria quæ dicitur Magdalene, de quâ feptem dæmonia
ejecerat , & aliæ multæ quæ miniftrabant ei de facul-
tatibus fuis. De cette façon , autant qu'elle eut d'ornemens qui fervoient à fes plaifirs , autant eut-elle
de victimes qui fervirent à fes facrifices : *quot ergò*

Luc 8. 1.

Mat. 9. 35

C c c c iij

in se habuit oblectamenta, tot de se invenit holocausta.
Et pour mettre quelque proportion entre son repentir & son crime, autant qu'elle avoit commis
de pechez, autant pratiqua-t-elle de vertus, *con-*
vertit ad virtutum numerum, numerum criminum, afin
que l'univerfalité des fatisfactions qu'elle offroit à
Dieu, répondit à l'univerfalité des offenfes qu'elle
avoit commifes contre Dieu, *ut totum ferviret Deo*
in pœnitentiâ, quidquid ex fe Deum contempferat in culpâ.

VII°. Et parce que, felon faint Auguftin, pour
une parfaite converfion, il ne fuffit pas d'avoir
feulement de bonnes penfées & de faints defirs, ny
même de changer de mœurs, & de s'abftenir de
faire du mal, *non enim fufficit mores in melius commu-*
tare, & à factis malis recedere, & qu'il eft de plus né-
ceffaire d'expier fes pechez paffez par de bonnes œuvres, *nifi etiam de his quæ facta funt fatisfiat Deo;* par
des macerations continuelles, *per pœnitentiæ dolorem;*
par d'humbles gémiffemens, *per humilitatis gemi-*
tum; par le facrifice interieur d'un cœur brifé de
douleur, *per contriti cordis facrificium;* & par des
aumônes abondantes, *cooperantibus eleemofynis:* notre
Pénitente ne manqua pas de remplir toutes ces
obligations.

En effet, felon faint Gregoire, les devoirs de
charité que Magdeleine rendit au corps naturel de
Jefus Chrift, renfermerent & figurerent admirablement les difpofitions faintes avec lefquelles on
doit fecourir les membres de fon Corps myftique;
car elle fe profterna aux pieds du Sauveur, elle les

arrofa de fes larmes , elle les effuya de fes cheveux , elle les baifa de fa bouche , elle les oignit d'onguent ; or fe profterner aux pieds du Sauveur , c'eft reconnoître & honorer Jefus-Chrift dans les pauvres , & ne pas dédaigner de les fervir ; les arrofer de larmes, c'eft compatir à leurs maux , & les confoler ; les effuyer de fes cheveux , c'eft les affifter & les fecourir de fon fuperflu ; les baifer de fa bouche , c'eft s'attendrir fur eux , & les aimer ; les oindre d'onguent, c'eft netoyer & panfer leurs playes : Offices de pieté Chrétienne que peu de perfonnes accompliffent dans toute leur integrité : car, felon le même Pere, les uns médicamentent les pauvres, mais les traitent avec fierté ; & ceux-là oignent les pieds de J. C. mais ils ne fe profternent pas devant luy ; d'autres refpectent le Seigneur en eux, mais ils n'ont pas de compaffion de leurs maux ; & ceux-là s'abbaiffent aux pieds de Jefus-Chrift , mais ils ne les arrofent pas de leurs larmes ; d'autres font touchez de leurs miferes , mais ils ne les foulagent pas dans leur indigence ; & ceux-là arrofent de leurs larmes les pieds de Jefus-Chrift , mais ils ne les effuyent pas de leurs cheveux ; d'autres leur donnent , mais ils les ont à dégoût ; & ceux-là effuyent de leurs cheveux les pieds du Sauveur , mais ils ne les baifent pas de leur bouche ; d'autres enfin les aiment , mais ils ont horreur de leurs playes ; & ceux-cy baifent les pieds de Jefus-Chrift , mais ils ne les oignent pas de baume : *capillis ergo pedes Domini tergimus , quando fanctis ejus ex his quæ nobis fuperfluunt , miferemur , rigat lacrymis Redemptoris pedes , sed capillis suis non tergit , qui utcumque proximorum dolori compatitur , sed eis quæ sibi superfluunt , non miseretur :* Ce que fit donc alors Magdeleine envers le corps naturel de Jesus - Christ , fut un modéle parfait que proposa cette charitable Pénitente à toutes les personnes pénitentes de son sexe : qui jamais l'imita mieux que la bien-heureuse Fabiole , laquelle, au rapport de saint Jerôme , aprés avoir réparé le scandale qu'elle avoit causé , comme une autre Magdeleine , donna l'un des plus beaux exemples de la charité Chrétienne qu'on eut jamais vû , par l'érection du premier hôpital qui ait été fondé dans l'Eglise : *quæ primum omnium nosocomium instituit ;* dans lequel cette pieuse Dame retira les pauvres malades , qui nuds , couverts de playes , & affligez de diverses maladies , languissoient dans les places publiques , & dans les ruës , pour les soulager & les panser : *in quo ægrotantes colligeret de plateis , & consumpta languoribus atque inediâ miserorum membra foveret.* C'est-là que cette Pénitente charitable n'eut point d'horreur de laver de ses propres mains les ulceres les plus infects & les plus sales , & de donner elle-même les boüillons & les remedes aux plus malades , de nettoyer des chairs à demy-rongées , & toutes pourries , que d'autres n'auroient pû seulement regarder, & desquelles on voyoit sortir une fourmilliere de vers : *morbo regio , & pædore confectos humeris suis ipsa portavit : quoties lavit purulentam vulnerum saniem , quam alius aspicere*

non

non valebat, & de exeſis ac putridis carnibus vermicu-
los bullientes , &c. Je ſçay, continuë ſaint Jerôme,
qu'il y a pluſieurs perſonnes riches, quoique fort
dévotes, qui ne pouvant voir de tels objets ſans ſoû-
levement de cœur, ſe contentent d'exercer par le
miniſtere d'autruy ſemblables œuvres de miſericor-
de, & qui font de cette ſorte des charitez avec leur
argent, qu'elles ne peuvent faire avec leurs mains,
délicateſſe qu'on ne peut blâmer en elles ; mais comme je pardonne à leur infirmité, je puis bien auſſi
par mes loüanges élever juſques dans le Ciel cette
ardeur & ce zéle d'une ame parfaite, puiſque c'eſt
l'effet d'une grande foy, de ſurmonter toutes ces peines, *ſed ſicut imbecillitati ſtomachi veniam tribuo, ſic*
perfectæ mentis ardorem in cœlum laudibus fero ; magna
fides iſta contemnit, &c. Tel fut l'effet édifiant de
la charité religieuſe de Magdeleine envers Nôtre-
Seigneur, ſelon les ſaints Peres : telles furent les
prémices heureuſes de cette même charité qu'on
devoit un jour pratiquer dans l'Egliſe ; & panſant
les malades, & enſeveliſſant les morts : ce qu'elle
fit encore excellemment, lorſque la veille des Rameaux par une ſecrette inſpiration, répandant un
baume odoriferant ſur la tête & ſur les pieds du
Sauveur, elle atteſta & la Divinité de Jeſus-Chriſt
par l'onction de ſa tête, & ſon Humanité par
l'onction des pieds, préſageant ainſi ſa mort prochaine par cette onction anticipée, dont la bonne
odeur devoit ſe répandre à jamais, avec l'exemple
de ſa charité, partout où l'Evangile feroit annoncé :

D d d d

exemple pieux qu'elle acheva de donner, portant au tombeau du Sauveur des aromates pour embaumer son sacré corps : *mittens enim hæc unguentum istud in corpus meum, ad sepeliendum me fecit... Venit Maria Magdalene, & altera Maria, portantes aromata.* Magdeleine ayant donc trouvé dans ses humiliations, comme dans un terroir sacré, le trésor inestimable de son salut, acheta ce champ mysterieux au prix de toutes ses vanitez passées, & s'enrichit d'un nombre infini de vertus : En second lieu, comme un négociant habile, desireuse de faire un plus grand gain, elle voulut acquerir la perle Evangelique, c'est-à-dire, la charité, *dilexit multùm*, donnant ces mêmes vertus pour obtenir celle-cy, qui les renferme eminemment toutes, & préferant de cette sorte sagement l'unité à la multitude, *transit labor multitudinis, & remanet unitas charitatis*, dit saint Augustin : amour ardent marqué dans l'Evangile par Jesus-Christ même, qui dit qu'elle n'avoit cessé de baiser ses pieds, quand une fois elle eut commencé de le faire : *non cessavit osculari pedes meos :* & qu'elle avoit choisi la meilleure part, qui ne luy seroit jamais ôtée, *Maria optimam partem elegit, quæ non auferetur ab eâ.* Enfin, animée de zele pour le salut des ames, elle voulut répandre sur les autres le bien dont elle étoit remplie, jettant le filet de la parole jusques sur les Apôtres, puisque Jesus-Christ s'étant apparu premierement à elle aprés sa Résurrection, elle alla par son ordre annoncer à saint Pierre même, à saint Jean,

& aux autres Difciples , cette heureufe nouvelle , qu'ils ne vouloient pas croire , les guériffant de leur incredulité par fa prédication ; devenant , felon l'expreffion des Peres , l'Apôtre des Apôtres , & réüniffant en elle l'amour du filence & le don de la parole: *venit Maria Magdalene annuntians Difcipulis, & illi audientes, non crediderunt.*

V I I I°. Si les pratiques de la vie active fe trouverent fi éminemment dans notre Pénitente , les vertus de la vie contemplative n'y éclaterent pas moins : la retraite , la priere , le gouft de la parole de Dieu , le filence : elle ne parle prefque pas dans l'Evangile , quoiqu'elle y foit fouvent provoquée à le faire ; Marthe fe plaint de l'inaction exterieure de Magdeleine ; Judas fe fcandalife de fa profufion fainte ; le Pharifien murmure de ce qu'elle touche celuy qu'il a invité , fans fçavoir quel eft celuy qui eft touché ; elle fe tait , elle ne fe juftifie point , & Jefus-Chrift l'excufe , dit faint Bernard , & la loüe de fon filence : *Pharifæus murmurat , Martha conqueritur , fcandalifantur Apoftoli , Maria tacet, Chriftus excufat , etiam & laudat tacentem.* Saint Luc nous la reprefente aprés fa converfion retirée dans un Château avec fa fœur Marthe , éloignée du monde & des compagnies , affife aux pieds du Sauveur , attentive aux veritez qui fortoient de fa bouche adorable: *Maria fedens fecus pedes Domini, audiebat verbum illius.* C'étoit un rayon de la vie toute celefte de ces fameux Solitaires , qui devoient un jour édifier l'Eglife , peut-être plus utilement par leur filence ,

Serm. Dom, 6. poft Pent.

que bien des Docteurs par leurs prédications : c'est
de cette forte que faint Arfene au milieu des gran-
deurs , & Pere fpirituel des Empereurs , frappé de
la vie molle qu'il menoit , & de la crainte des jugemens de Dieu , quitta tout , & fe retira dans la
folitude , pour y paffer le refte de fes jours , ayant
entendu ces paroles : *fuge , Arfeni , fuge fæculum,
folitudinem pete , & tace.* Fuyez , Arfene, fuyez
le fiécle , fongez à votre falut , retirez-vous dans
la folitude , & gardez-y le filence. La belle chofe,
que de fe reprefenter cette celebre montagne de faint
Antoine dans le defert le plus reculé , toute cou-
verte de cellules de Moines , où l'on n'entendoit
uniquement jour & nuit que le chant des Pfeaumes , & le bruit des ouvrages manuels , que faifoient ces pieux habitans des deferts ! où nulle parole ny aucun difcours humain ne retentiffoit jamais , leur unique entretien étant de fe dire fans
ceffe à eux-mêmes , ainfi que faifoit le même faint
Arfene , *Arfeni , Arfeni , ad quid venifti ?* Arfene , Arfene , qu'es-tu venu faire ? & de voir ce
Saint abandonner une cellule qu'il avoit euë jufqu'alors , parce que les vents agitoient quelquefois certains grands arbres qui l'environnoient ,
pour fe retirer dans un lieu plus éloigné , où il ne
pût entendre aucun bruit qui troublât fon amour
pour le filence : telle eft l'impreffion d'une ame
bien convertie. Saint Auguftin rapporte , que dans
les premiers jours de fa converfion , effrayé de la
grandeur de fes défordres , il prit la réfolution de

se retirer dans la solitude, pour y passer le reste de ses jours dans la pénitence ; mais que le Seigneur par ses inspirations l'en détourna , luy disant, qu'il suffisoit que ceux qui jusqu'alors avoient vécu pour eux , ne vécussent plus que pour celuy qui étoit mort pour eux , *conterritus enim peccatis meis , & mole miseriæ meæ , agitaveram in corde , meditatusque fueram fugam in solitudinem ; sed prohibuisti , & confirmasti me , dicens : ideò Christus pro omnibus mortuus est , ut qui vivunt , jam non sibi vivant, sed ei qui pro ipsis mortuus est.* Ne peut-on pas en quelque façon dire que tant de grands exemples ne furent qu'un crayon de cet esprit de retraite qui parut dans Magdeleine retirée dans ce Château dont nous venons de parler , & où le Sauveur la visita ? car, pour ne pas toucher à cette grande question de sa retraite sur une montagne , où elle acheva de consommer sa vie dans la contemplation des choses éternelles, contentons-nous d'écouter saint Augustin là-dessus. La maison de Marthe & de Marie, dit ce Docteur éclairé , étoit la figure de l'Eglise , & ces deux Sœurs celle de la vie active & de la vie contemplative qui l'orneront à jamais : Marthe ne s'appliquoit qu'à repaître le Seigneur , Marie ne songeoit qu'à se repaître du Seigneur , *intenta erat Martha quomodo pasceret Dominum, intenta Maria quomodo pasceretur à Domino :* l'une étoit occupée, l'autre désoccupée, nulle n'étoit mauvaise, *una laboriosa, altera otiosa, nulla facinorosa ,* nulle n'étoit oiseuse, l'une & l'autre étoit vertueuse, *ambæ innocentes, ambæ laudabiles :* nulle n'é-

D d d d iij

Conf. 10.43.

Hom. 27. de Verb. Dom. second. Luc.

toit mauvaife, ce quel'occupée doit aprehender; nulle n'étoit oifeufe, ce que la défoccupée doit éviter, *nulla facinorofa, quàm cavere debet laboriofa, nulla defidiofa, quàm cavere debet otiofa :* Marthe étoit l'image de la vie préfente, Marie de la vie future : Marthe fatiguée fe plaint de ce que fa Sœur luy laiffe toute la peine; Marie paifible ne répond rien à ce reproche, de peur de rompre fon filence; elle ne fe leve point pour foulager fa Sœur, de peur d'interrompre fon repos; elle fe retient de parler, de peur de ceffer d'entendre; elle abandonne fa juftification, crainte de diminuer fon attention : ne pouvant pas égaler celuy à qui la parole n'étoit pas une peine, parce qu'il étoit la parole même effentielle, elle s'efforce de participer en écoutant, au repos de celuy qui ne travaille point en parlant : Marthe, de quoi vous plaignez vous ? Le Seigneur en voyageant paroît feul entrer chez vous, & vous vous occupez de plufieurs chofes hors de luy, que vous ne fçauriez pour toûjours poffeder avec luy ; attachez vous au bien unique, qui n'eft autre que luy, & délivrée de la peine & du trouble, vous joüirez du calme & du repos qui ne fe trouvent uniquement qu'en lui : imitez Marie, à qui on n'ôtera pas ce qu'elle choifit, parce qu'elle ne s'attache qu'à ce qui demeure : & apprenez que quand vous ne ferez plus occupée des chofes paffageres pour le Seigneur, le Seigneur ne fera plus alors voyageur pour vous.

www.ingramcontent.com/pod-product-compliance
Ingram Content Group UK Ltd.
Pitfield, Milton Keynes, MK11 3LW, UK
UKHW031811170726
13836UKWH00003B/1344